행복한 삶을 위한

노인미술교육의 이론과 실제

심영옥 · 조미경 · 김현희

창지사

머리말

21세기는 노인의 고령화에 대비한 노년의 의미 있는 삶을 위한 다양한 콘텐츠가 필요하게 되었습니다.

한국은 전 세계적으로 유례없이 고령화 속도가 매우 빠른 국가입니다. 2019년 통계청 자료에 의하면 65세 이상 고령자가 전체인구의 14.9%를 차지하여 이미 고령사회가 되었습니다. 특히 한국전쟁 이후 1955~1963년에 태어난 베이비부머 세대가 고령화로 접어드는 2025년경에는 노인의 인구가 전체인구의 20%가 넘는 초고령사회에 진입하게 될 것으로 예측되고 있습니다.

초고령사회를 맞이하여 한국노인종합복지관에서는 2018년부터 '신 노년문화운동'을 추진하고, '시니어코리아 운동'을 선포하였습니다. 시니어코리아 운동의 목적은 '건전한 여가 · 건전한 생활', '자립적 · 창의적 사회참여', '신노인상 확립', '행복한 노년사회 구축', '힘찬 대한민국 건설 기여' 등 크게 다섯 가지입니다.

신노인상은 '자립하는 노인', '존경받는 노인', '공헌하는 노인', '지혜로운 노인'에 중점을 두고 있습니다.

이렇듯 정부 차원에서 정책적으로도 초고령사회에 부응할 수 있는 여러 가지 제도와 활동 내용을 준비하고 있습니다.

로마의 철학자 키케로는 '노년에 관하여'라는 글에서 "포도주가 오래됐다고 모두 시어지지 않듯이 늙는다고 해서 모든 사람이 비참해지거나 황량해지는 것이 아니다"라고 하면서 의미 있게 즐길 수 있는 노년에 대해 설명하였습니다. 키케로는 노년의 가장 의미 있고 즐거운 삶으로 전원생활을 꼽았지만, 개인의 상황에 따라 요구하는 노년기의 삶에는 많은 차이가 있을 수 있습니다.

현대사회는 점차 노인 인구의 증가에 대한 사회적인 고민이 많아지면서 다양한 방면에서 고령화에 대비한 방법과 연구가 이루어지고 있습니다. 그러나 정작 노인들의 요구 조건을 충족시킬 수 있는 내용을 정확하게 파악하지 못하고 있습니다. 최근 들어 노년의 삶을 즐길 수 있는 예술 분야의 관심이 높아지고 있습니다. 물론 노인들에게 많은 사회참여 활동은 마련하고 있지만 기존의 콘텐츠보다는 음악, 연극, 무용 등 편안하게 활동할 수 있는 예술 활동을 선호하고 있습니다.

따라서 노인의 요구에 부응하면서 건강하고 행복한 노년의 삶을 위한 일환으로서 노인미술활동에 관한 콘텐츠 개발이 매우 필요하다고 생각합니다.

우리나라에는 278개소의 노인종합복지관이 한국노인종합복지관협회에 등록되어 있고, 각 지역의 문화회관, 경로당, 문화센터 등 여러 기관에서 노인의 여가생활이나 문화활동을 위한 다양한 프로그램이 마련되어 있습니다. 하지만 대부분 노인 개개인의 능력이나 적성을 고려한 프로그램이 아니기 때문에 그 효용성은 높지 않은 실정입니다. 아이러니하게도 초고령화 사회에 대한 이슈만큼 그에 대비할 수 있는 다양한 노인미술활동이나 문화활동 연구도 그다지 활발하지 못하고 있습니다.

이에 본 저서에서는 노인들의 능력과 적성, 흥미를 고려하면서 노인들이 가지고 있는 특장점을 최대한 살릴 수 있는 콘텐츠를 개발하는 데 목적을 두었습니다. 특히 미술을 전공하지 않은 노인들도 스스로 만족하고 가치 있는 의미를 느낄 수 있도록 재미와 흥미를 더하면서 부가가치를 창출할 수 있는 보다 구체적이고 대안적인 노인미술활동 콘텐츠를 소개하고자 합니다.

또 노인미술활동 콘텐츠 개발의 시행착오를 최소화하기 위해서는 많은 실행 단계를 거치면서, 노인들의 다양한 의견을 수렴하고 교육기관과 협업하거나 중·단기 프로젝트 사업 등을 통하여 노인미술 교육이 지속 가능하다는 효과도 얻을 수 있었습니다. 무엇보다 노년의 행복한 삶에 보탬을 줄 수 있도록 생애와 관련된 다양한 주제를 가지고 노인미술활동의 이론과 실제에 대해 다양한 정보를 제공하고자 합니다.

부족하지만 본 저서가 노인미술 교육의 길잡이 역할을 할 수 있기를 희망합니다. 그리고 책의 내용을 꾸리기 위해 동참해 주신 많은 노인분과 이 책을 출판하는 데 도움을 주신 창지사 관계자 여러분께도 감사의 말씀을 함께 드립니다.

2020년 8월

지은이 드림

차례

제1장

노인미술교육의 이론적 고찰

최근 고령화가 사회적인 이슈로 대두됨에 따라 사회 각 부문에서 노인의 삶에 관심이 높아지고, 고령자를 대상으로 한 종합적인 노인복지 정책을 수립하거나 관련 연구도 많이 증가하고 있다.

우리나라는 세계적으로 교육열이 높은 나라로 유명하다. 특히 미술교육에 대해서는 아동의 여러 가지 심리적, 학습적 능력의 향상 목적으로 아동미술교육에 대한 인식이 고조되어 최근에는 그 대상이 영아에까지 미쳐 영아미술교육 프로그램이 많이 개발되고 교육도 활발히 이루어지고 있다.

이에 반해 산업화, 도시화 등 사회변화와 저출산과 같은 인구 변화로 고령화 현상에 대한 노인 문제의 심각성은 우려하면서도 그들의 여가선용이나 복지를 위한 구체적인 대안이나 프로그램 개발은 희박한 실정이다.

따라서 세계적인 추세이면서 우리나라에 급속하게 전개되고 있는 고령화 사회를 대비하기 위한 노인의 심리적 안정과 삶의 흥미를 유발할 수 있는 노인여가 복지의 일환과 아울러 평생교육 차원으로서 노인미술교육에 대한 다방면의 연구가 필요하다.

1. 노인교육

1) 노인교육의 목적

노인교육은 노인이 평생 자기계발을 위한 자극, 인간접촉, 자기 확인과 상호의존의 원활한 유지를 위해 지원이 필요하며, 사회에서 소외되고 있는 계층에 대한 복지 혜택을 부여한다는 의미에서 파악되어야 한다.

노인교육의 의의와 목적은 노인들이 현대사회에 적응할 수 있는 능력을 키우기 위한 지식을 습득하게 하고, 고독과 소외감을 없애 주어 노년의 삶의 질을 적극적으로 높이는 데 목적이 있다. 그러나 가장 중요한 것은 교육이 노인들의 신체적,

정신적 안녕을 유지할 수 있게 도와야 한다.

교육이념의 일환으로서 노인교육이라는 과제가 제시된 것은 1919년 영국의 성인교육위원회가 제출한 보고서가 발표되면서부터이다. 이 보고서는 인간이 한평생 공부를 계속해야 함을 강조하면서 그 당위성을 이론화하였다. 그 후 노인교육에 관한 이론이 학계에 본격적으로 주목을 받은 것은 1965년에 유네스코 성인교육추진국제위원회가 랜그란드(P. Lengrand)의 평생교육 이념을 받아들이면서부터이다.

우리나라에서 평생교육의 이념이 전략적으로 공론화되기 시작한 것은 1973년 8월 유네스코 한국위원회가 개최한 「평생교육 발전을 위한 전국세미나」에서였다. 그리고 1980년 10월 "국가는 평생교육을 진흥해야 한다."고 「헌법」 제29조 제5항에 명문화되었고, 1982년 12월 국회에서 「사회교육법」이 통과됨으로써 노인교육은 사회교육법에 바탕을 두고 발전하게 되었다.

대한노인회의 '노인학교 운영 규정'에 명시되어 있는 노인학교 운영 목적을 보면 다음과 같다(송병준 · 이영호, 2000).

첫째, 노인들에게 젊은이들에게서 존경받을 수 있는 노인상을 지니도록 일깨워준다.

둘째, 노인 각자가 지니는 경험과 지식을 개발시켜 준다.

셋째, 노인들에게 현대사회에 적응할 수 있는 능력을 배양해 준다.

넷째, 여생을 건강하게 보내도록 노인건강관리에 대한 지식을 제공한다.

이와 같은 운영 목적을 달성하기 위하여 노인대학과 노인학교에서는 청소년 선도 및 충효사상, 국내외 정세, 자녀교육, 환경정화, 생활예절, 전통문화, 미풍양속 등의 일반교육을 높이는 내용과 건강관리, 의료강좌, 성인병 치료, 수지침 등의 건강 관련 내용을 제공한다. 한편, 미술, 에어로빅, 가요, 무용, 악기, 율동 등의 취미 오락과 사회봉사활동, 견학 등의 교육내용을 제공하고 있다.

노인교육의 내용을 선정하고 조직할 때 중요한 것은 노년기에 꼭 배워야 할 필요가 있는 것으로 구성하는 것이다.

노인교육의 내용을 선정하고 조직할 때 일반적인 원칙은 다음과 같다(김남선, 2005).

첫째, 노인교육의 목표에 근거해서 내용을 선정하고 조직한다.

둘째, 대상 노인들의 능력 수준과 흥미, 필요 등을 고려하여 선정한다.

셋째, 청소년과 중년기의 성인들이 요구하는 내용을 반영시킨다.

넷째, 노인들의 현재 생활과 직결된 내용을 반영시킨다.

다섯째, 노인들의 경험과 밀착된 내용을 반영시킨다.

여섯째, 적절한 반복 학습을 통해서 누적된 효과를 나타낼 수 있도록 조직한다.

일곱째, 하나의 내용이 단순히 반복하는 데 그치지 않고 점차 심화 확대하여 계열성을 고려하여 조직한다.

여덟째, 노인들의 경험을 통합할 수 있도록 조직한다.

아홉째, 하나의 교육내용은 여러 교육목표와 통합시켜서 조직한다.

2) 노인교육의 필요성

우리나라는 2018년에 14.2%로 이미 고령사회(aged society)로 진입하였으며, 2026년에는 '초고령사회(super-aged society)'에 도달할 것으로 보고 있다.

UN에서는 다음과 같이 고령화사회를 분류하고 있다.

고령화 사회(aging society)는 전체인구 중 65세 이상의 고령 인구 비율이 7% 이상에서 14% 미만인 사회, 고령사회(aged society)는 전체인구 중 65세 이상의 고령 인구 비율이 14% 이상에서 20% 미만인 사회, 초고령사회(super-aged society)는 전체인구 중 65세 이상의 고령 인구 비율이 20% 이상인 사회로 정의하고 있다.

우리나라의 인구 고령화는 서구사회나 일본 등과 비교해서 크게 다르지 않은 수준까지 도래하였으므로 향후 세대 간의 출산력 차이에 따른 인구 고령화 문제가 필연적으로 발생할 것이다. 이러한 추세에 시대적, 사회적 변화 상황에 대비한 노인 교육이나 노인 여가 복지 등의 정책과 노후 생활 활용 계획이 꼭 필요하게 되었다.

한국의 인구 고령화 속도를 보면 다른 국가와 비교했을 때 빠르다는 것을 알 수 있다.

내용 국가	고령화 사회 (7%)	고령사회 (14%)	초고령사회 (20%)	고령사회 도달 소요시간(년)	초고령사회 도달 소요시간(년)
한국	2000	2018	2026	18	8
일본	1970	1994	2006	24	12
독일	1932	1972	2010	40	38
미국	1942	2014	2030	72	16
프랑스	1864	1979	2019	115	40

세계 각국은 고령 인구의 상대적 증가 추세에 따라 사회교육 영역에 있어 노인 교육의 형태와 내용이 다양하게 제시되고 실천되고 있다. 노인교육이 필요한 이유도 바로 이러한 사회적 변화 때문이다. 이제 노인교육은 노인들에게 현대사회에 적응할 수 있는 능력을 키우기 위한 지식을 습득하게 하고, 핵가족화와 고령화에 의한 고독과 소외감 등을 없애 주고 보람된 노후 생활을 위해 꼭 필요하게 되었다.

노인교육의 필요성을 구체적으로 살펴보면 다음과 같다.

첫째, 개인생활 면에서는 생에 대한 적극성을 가질 수 있고, 새로운 지식과 교양을 쌓으면서 건강한 여가생활을 가질 수 있다.

둘째, 인간관계 면에서는 고립된 생활을 탈피할 수 있고 동년배와의 밀접한 심리적 유대를 가지면서 자아존중감을 가질 수 있다.

셋째, 경제생활 면에서는 노인교육을 통해 정보를 얻고 경제 창출을 할 수 있는 지식과 습득을 익힐 수 있다.

넷째, 국가생활 면에서는 국내외 정치, 사회, 경제의 변화 추이를 쉽게 접할 수 있고, 범국가적 차원의 가치 있는 일을 배울 수 있다.

2. 평생교육으로서 노인미술교육의 필요성

1) 노인미술교육의 목적과 의의

노인미술교육은 노인들의 사회참여를 확장할 뿐 아니라 자신의 권리를 요구하거나 주장할 수 있는 합리적인 사회 적응을 할 수 있고 노년기에 적용할 수 있는 지속 가능한 미술교육 내용과 방법이 개발되어야 한다. 특히 현대사회의 물질적 풍요와 여가의 증대에 대비한 노인미술교육은 노인들에게 노화를 방지하고 학습을 통한 자아 성찰과 삶의 의미를 되찾게 할 수 있다. 특히 학습의 주체자로서 젊은 세대와 원활한 소통을 할 수 있는 노인미술교육은 긍정적인 노인상을 젊은이들에게 제공하고 고령화 사회에서 노인의 새로운 역할을 보여 줄 수 있다.

노인에게 있어서 미술활동은 단순한 신체 운동을 넘어서 심신의 작용으로 이루어진 창조적인 에너지를 발산하게 하며 신체적 기능을 원활히 하고, 사회적 적응력을 높여 준다. 즉 노인미술교육은 노인의 창조성을 자극하고 개발하여 노인이 지닌 우울감을 낮추고 상실감을 안정시켜서 평온함, 만족감, 행복감을 가지도록 돕는 데 그 목적이 있다. 특히 노인미술교육은 젊었을 때 하지 못했던 자기표현을 노후에 충분한 시간을 활용하여 표현함으로써 신체적, 정신적인 행복과 삶을 향유할 수 있게 된다. 노인미술교육을 원만히 진행하기 위해서는 노인교육에 대한 인식과 구조가 잘 마련되어야 한다.

맥클러스키(H. Y. McClusky)는 노인이 교육을 잘 받으려면 사회적, 육체적 건강 외에 심리적으로 젊은 사람보다 훨씬 더 노력해야 하며, 자신이 소속된 사회에서 남에게 영향을 미칠 수 있는 능력과 무엇이든지 공헌할 수 있다는 생각을 가져야 한다고 강조하였다.

누구에게나 노년기는 존재하므로 어떤 활동을 하느냐에 따라 삶의 질은 크게 달라진다. 최근 노인들의 활동은 대체로 개개인의 요구나 상황에 따라 여가활동이나 운동에 머무르고 있다. 이러한 현상은 대부분 노인이 노년기를 의미 있고 창조적인 노력을 하지 않음을 의미한다. 생애에서 급속도로 늘어난 노년기의 삶의 질 향상을 위해서는 무엇보다 문화활동의 주체로서 노인미술교육이 제도적으로 필요하다.

노년기의 미술활동은 자신의 갈등, 감정, 욕구, 생각 등을 명확하게 언어로 표현하기 힘든 경우 이를 시각화하여 억지로 의도하지 않더라도 쉽게 자신을 보여주는 좋은 기회가 될 수 있다. 즉 노인들이 자신에 대해 언어로 표현하는 것에 부담을 느끼거나, 표현하기 어려워할 수 있는 것을 미술활동을 통하여 감정이나 사고를 표현하도록 하는 것이다. 시각 이미지로 자신을 표현할 수 있는 미술활동은 의식의 깊숙한 부분을 자극하여 자존감을 높여 주고 자기 개방을 더 풍부하게 할 수 있도록 돕는다.

앞으로는 노인의 고학력화 현상과 경제 수준의 향상으로 자신의 가치를 투영하는 문화활동에 큰 관심을 가지게 될 것이므로 노인미술교육은 노후를 풍요롭게 하면서 배운 내용을 사회에 환원할 수 있는 좋은 콘텐츠가 될 수 있다.

노후의 생활이나 삶의 가치는 얼마나 오래 사느냐보다는 어떻게 사느냐에 관심이 크다. 그러기 위해서는 다양하고 질 높은 노인미술교육이 개발되어야 하고, 노인미술교육의 전문적인 콘텐츠가 적용될 수 있는 제도적 방안과 프로그램이 마련되어야 한다.

2) 평생교육으로서 노인미술교육의 필요성

노인의 일상생활에서 노인미술교육이 필요한 것은 변화한 현대사회에 사는 노인의 삶의 욕구나 지적 사고가 많이 달라졌기 때문이다. 지금의 노인들은 과거와 다르게 경제력과 교육 수준이 높아진 데다가 퇴직으로 인하여 비생산적인 시간이 길어지게 되었다. 더욱이 고령화 사회의 현상으로 인한 노인 인구의 증가는 경제생산 인구의 감소를 예상하게 된다. 또 출산율은 낮아지고 사회의 노인부양 부담이 증가하면서 노인 문제가 심각하게 되었다.

이러한 갈등을 해소하기 위하여 삶의 긴 시간을 차지하는 노년기의 삶의 질을 높이고 세대 간의 관계 형성을 위한 다양한 방안이 마련되어야 한다.

대안으로 평생교육적 측면에서 실버아트 산업의 성장을 도울 수 있는 노인미술교육이 필요하다.

평생교육은 학교 교육에서 탈피하여 누구나 평생을 두고 교육을 받으면서 개인의 발전을 최대한 도모할 수 있는 새로운 교육 가능성을 제시한 것이다. 평생교육의 대상자가 당면한 문제를 스스로 해결하려는 노력으로 볼 때 자유로운 참여, 자발적인 학습이 기본이 되어야 하며, 학습 내용은 다양성과 융통성이 평생교육 프로그램 운영의 원칙에 포함되어야 한다.

평생교육으로서 노인미술교육은 노인들의 일상보다 나은 삶의 가치와 의미를 찾도록 하는 측면과 평생교육으로서의 의미로 살펴볼 수 있다.

우리나라 「평생교육법」은 1999년 8월 31일 법률 제6003호에 의해 공포되었으며, 같은 법 시행령은 2000년 3월 13일 대통령령 제16, 750호에 의거 공포되었다. 평생교육법 제2조 1호에는 "평생교육이라 함은 학교 교육을 제외한 모든 형태의 조직적인 교육활동을 말한다."라고 명시되어 있다. 여기서 보면 우리나라에서는 평생교육에 대한 개념이 매우 광범위하고 포괄적으로 받아들인 점이 없지 않다.

평생교육이 처음 소개되고 보급된 것은 1960년대 후반 유네스코를 통해서였다. 당시 용어상의 중심개념은 삶(life), 평생(life-long)과 교육(education)의 뜻을 내포한 것이었다(Dave, 1773).

삶이라는 개념이나 평생이라는 개념이 대단히 넓고 포괄적인 것처럼 평생교육의 개념도 매우 광범위하고 포괄적이어서 그 의미가 모호한 점도 있다. 개념의 모호성은 교육전문가나 교육행정가들 사이에도 평생교육에 대한 이해 부족과 상반되는 의견을 피력하여 일반인들에게 혼란을 가져오기도 한다.

유네스코에서 건의한 노인들을 위한 평생교육은 첫째, 현대의 제 문제와 젊은 세대에 대한 올바른 이해, 둘째 여가 선용의 기능, 건강증진, 생활의 의미 발견, 셋째 정년퇴직에 직면하는 문제와 정년퇴직자의 권익, 넷째 정년퇴직자의 지역사회활동의 계속과 재직 생활 중 이루지 못한 지적 분야의 활동을 돕는 일 등을 중심으로 계획되어야 한다고 정리하였다(김남선, 2005).

최근 우리나라는 평생교육에 대한 인식이 날로 향상되어, 청소년, 여성, 노인을 제외한 기타 성인들은 자아실현의 연장에서의 의미뿐만 아니라 취업목적으로도 참여 수가 많이 증가하고 있다. 그래서 평생교육을 위한 대학부설 평생교육원도 다양한 영역의 프로그램이 개설되고 있다.

이에 반해 노인을 대상으로 하는 평생교육은 교육기관에서는 제대로 운영되지 못하고, 주로 노인종합복지관이나 노인대학 등을 중심으로 이루어지고 있다. 따라서 노인들에게 진정한 혜택이 되려면 평생교육으로서 노인미술교육이 더 필요한 것이다. 노인들의 교육내용도 노인들의 선경험적 지식을 고려한다면 매우 다양하게 마련할 수 있을 것이다. 그중에서도 미술이 노인교육으로서 유용하게 적용된다면 세대공동체와의 공통된 취미생활로써 소외감에서 탈피할 수 있으며, 자존감, 만족감, 그리고 자립적인 욕구를 충족시켜 주는 큰 장점이 될 수 있다.

이런 장점에도 불구하고 노인이 미술교육에 참여하고자 하는 결정은 스스로 판단해야 한다. 노인이 미술에서 어떤 매력을 느끼고, 자신에게 필요하다고 인정하고 흥미를 느낄 때 올바른 교육이 시작될 수 있다. 따라서 노인미술교육은 노인들의 필요나 욕구, 흥미를 충분히 고려해야 함은 당연한 일이다.

실제로 평생교육에서 그리기나 만들기 등 미술과 관련된 배움을 지속하고 싶다거나 여가활동으로 희망하는 사람은 많다. 하지만 경제적, 시간적 여러 가지 장애요인에 의해 욕구를 충족시키지 못하는 것이다. 노인들의 미술과 관련된 여가활동은 음악이나 무용, 요가 등에 비하면 미미한 편이다. 그런데 문화활동 중 희망하는 활동을 보면 크게 차이가 없이 비슷한 수준에서 높게 나타나고 있어 여건만 되면 미술을 배우는 행동으로 나타날 수가 있다. 노인미술교육이 다소 미흡한 또 다른 이유는 물리적 환경이다. 이를테면 노인들의 미술교육에 대한 흥미나 선호도가 높은 데 비해 미술교육이 다양하게 이루어지지 못하는 데는 미술실의 확보나 미술교육에 대한 인식 부족이다. 노인종합복지관도 장소가 협소해서 많은 인원을 수강하는 데 어려워하였다.

노인미술교육으로 국가 경쟁력을 높이고 생산성을 높이기 위해서는 미술교육을 통해서 습득한 지식과 경험을 최대한 발휘하여 제2의 경제적인 소득을 창출하고, 자신의 가치를 인정받도록 제반 제도가 마련되어야 한다.

의료기술과 기계문명의 발달로 평균수명이 계속 증가하기 때문에 노년기는 은퇴 후의 소비적인 시간을 보내는 시기가 아니라 '인생 이모작'을 할 수 있도록 장기적인 인생을 설계해야 하는 시기이다.

이에 대한 노인미술교육이 필요한 이유를 정리하면 다음과 같다.

첫째, 예술을 향유하면서 노인 개인의 삶에 행복을 추구하기 위함이다. 즉 노인미술교육을 통해서 개인의 가치를 파악하고 정체성을 확립하여 남은 생을 의미 있게 살아갈 수 있다.

둘째, 젊은이들과 세대 차이를 극복하고 젊은 세대들에게 노인에 대한 올바른 지식과 태도를 형성시키기 위함이다. 이는 긍정적인 노인상을 심어 주고 이를 통하여 화합을 이루어 올바른 인간관계를 형성하게 되므로 건전한 사회를 이룰 수 있다.

셋째, 고령화 사회에서 노인의 역할을 새롭게 모색하여 노인들이 삶의 경험에서 획득한 지혜를 사회에 되돌릴 수 있도록 기회를 얻고 부가적인 가치를 창출하기 위함이다.

노년기는 인간 발달과정의 마지막 시기이다. 노인이 되면 젊은이들보다 비록 육체적으로는 쇠약할 수 있으나 삶에서 얻은 지혜와 장점을 살려서 성공적인 노년기를 보낼 수 있다. 노인 스스로 의미 있는 삶을 살고, 사회에 적극적으로 헌신하고 봉사하는 모범을 보이면서 젊은이들에게 생의 본보기가 될 수 있다.

젊은이들과 공유 가능한 예술문화로서 노인미술교육은 젊은이들과 함께 삶을 미적으로 향유할 수 있을 뿐 아니라 아름다운 사회를 만들 수 있다.

3. 노년기의 학습 능력

노인의 학습 능력에 적극적으로 영향을 미치는 노인의 특성에는 인지적, 심리적 특성이 있다.

노인의 학습 능력에 중요하게 영향을 미치는 인지적 특성은 지능, 기억능력, 감각 및 지각력, 체력 등과 문제해결 능력이 포함된다.

지능에 대해서 레이몬드 카텔(R. Cattell, 1905~1998)은 유동적 지능과 결정화된 지능으로 구분한다. 유전적 특성에 의존하는 신경생리적 능력인 유동적 지능보다는 결정화된 지능이 주로 문화에 적합하다. 결정화된 지능은 수리능력, 언어능력, 상식 등을 측정할 수 있으며 학습의 양과 학습의 내용에 따라 달라진다. 이 지능은 정규교육 기간뿐만 아니라 성인기 전반에 걸쳐서 점차 늘어나는데, 새로운 지식과 정보의 습득 등 여러 가지 관계에 따라서 60세 이후에도 향상된다.

노인들의 인지적 특성과 기억력이 젊은이들보다 부족하다고 해서 모든 능력이 뒤떨어지거나 부족하다고 보는 것은 옳지 않다. 특히 예술 분야에서는 노인 학습자의 특성을 잘 파악한다면 그들의 경험이 바탕이 되므로 더욱 효과적인 교육을 할 수 있다.

다음으로 노인의 심리적 특성은 노인의 삶을 통해서 느끼고 체험하는 신체적, 경제적, 사회적 역할이 변화하고 배우자나 주변 친구의 죽음을 경험하게 되면서 자기 통제에 한계를 느끼게 될 때 우울증, 내향적인 수동성, 조심성, 애착심 등이 증가한다. 이러한 심리적 특성은 노인의 학습 능력의 저해 요인이 된다. 노년기에 접어들면서 타인에게 의존하는 소극적이고 수동적이며 과거의 방법을 고집하는 경직성 등은 새로운 학습 능력을 떨어뜨리게 한다.

특히 노화가 진행되면서 감각과 지각능력도 쇠퇴하고 적극적인 학습자가 되기보다는 실수를 하지 않으려는 심리 때문에 지나치게 조심하려는 경향도 나타난다. 장년기부터 시작된 육체적, 정신적 쇠약은 사회의 중심적인 보호자 역할에서 보호받는 상황으로 전이되면서 역할 혼미, 질병, 과거에 대한 회한과 후회 등으로 인한 우울증의 경향이 나타나고 학습 능력은 떨어지게 된다.

맥클루스키(McClusky, 1971)는 노인의 학습 욕구에 대한 심리적 특성을 다음과 같이 분류하였다.

〈표 1〉 맥클루스키에 의한 노인의 학습 욕구에 대한 심리적 특성

분류	학습 욕구의 심리적 특성
환경적응 욕구 (coping needs)	• 노화를 만회하기 위한 교육 욕구 • 현재 사회에 적응하기 위한 미흡한 과거의 지식보충 욕구 • 일상생활에 효과적인 적응을 위한 새로운 규칙습득 욕구 • 경제지식, 상식 교육에 대한 욕구
표현적 욕구 (expressive needs)	• 서예, 미술, 공예, 음악 등의 문화예술에 대한 욕구 • 내재적 동기로 예전에 배우지 못한 새로운 배움의 욕구 • 동아리활동으로 친교 관계를 갖고 싶어 하는 욕구
사회공헌 욕구 (contributive needs)	• 타인에게 헌신하고자 하는 욕구 • 지역 봉사활동이나 기타 자원봉사, 종교단체 봉사 욕구 • 자아개념 충족과 경험을 원하는 이타적인 욕구
영향을 주려는 욕구 (influence needs)	• 타인에게 좋은 영향을 주고 싶어 하는 욕구 • 교육을 통해서 상호적 집단활동에 참여 욕구 • 사회적으로 인정받고자 하는 욕구
초월적 욕구 (transcendence needs)	• 인생을 정리하는 시기인 노년기는 죽음을 준비하는 시기 • 육체적인 것보다는 인생의 본질적 의미를 찾고자 하는 욕구

출처: 허정무(2007). 노인학개론. 서울: 양서원.
임성연(2015). 문화예술 향유를 위한 노인미술교육에 관한 연구에서 참조.

맥클루스키에 의한 노인의 심리적 욕구 중에서 환경 적응 욕구와 표현적 욕구는 문화예술에 대한 욕구이다. 과거에 풍요를 경험한 사람들은 문화와 예술활동을 경험했겠지만, 대체로 노인들은 전쟁, 질병, 기근 등을 겪으면서 자녀들의 교육에 대한 부담과 일상의 고단함과 분주함으로 인해 문화생활을 충분히 향유하지 못한 것을 채우고 싶어 한다.

이러한 욕구를 노인미술교육을 통해 성취하도록 도와주고 예술작품을 창작하면서 사회에 공헌하도록 한다면 노년기를 보람차고 슬기롭게 보낼 수 있다.

노인들의 학습 능력을 저해하는 부정적인 요인은 노인의 학습 효과에 악영향을 끼치게 되는데 이러한 부정적 심리적 특성은 네 가지로 말할 수 있다.

첫째, 노화로 인한 우울증 성향은 신체적, 사회적 문제에 대한 스트레스를 극복하려는 힘과 의지가 약해지기 때문에 우울증 성향이 증가하게 된다. 노화로 인한 신체적 질병과 배우자나 주위 사람들의 죽음을 경험하게 되고, 경제적인 여건의 불충분함과 가족과 사회로부터 소외를 경험하게 되면 스스로 자기 통제가 어려워지게 된다. 이러한 상황에서 느끼는 무기력감은 새로운 학습 능력을 저해한다.

둘째, 수동적 성향은 자신이 환경을 스스로 극복할 수 없다고 생각하기 때문에 자신감이 떨어져 적극적으로 새로운 학습을 시도하려는 욕구가 결여된다.

셋째, 자신의 경험을 통한 문제해결 방법에 문제가 있더라도 고치려 하지 않고 고집스럽게 자신의 방법을 고수하게 되는데 이러한 경직성은 학습 능력을 저해하는 부정적인 역할을 한다.

넷째, 노화로 인한 지적 능력과 신체적 능력이 저하되면서 노인들의 자신감은 줄어들고 조심성은 증가한다. 이러한 조심성은 새로운 학습에 소극적으로 접근하게 만들기 때문에 노인의 학습 능력에 부정적인 영향을 미친다.

여러 학자의 주장에 따르면 노인의 인지적, 사회심리적, 신체적 특성은 공통적으로 삶의 의미를 부여하기 위한 욕구와 가치 있는 일을 하면서 사회에 공헌하고 적응하여 누군가에게 영향을 끼치기를 원하는 심리적 학습 욕구와 학습 능력에 긍정적인 영향을 줄 수 있지만, 노인의 심리적 특성은 노인의 신체적이나 지적인 노화와 사회적인 상황으로 인하여 부정적인 요인으로 작용하는 것을 간과할 수는 없다. 따라서 노인의 학습 능력에 부정적인 영향을 미치는 심리적 특성을 극복할 수 있도록 문화예술을 경험할 수 있는 노인미술교육이 절실하다.

4. 국외 노인미술교육 사례

최근 세계적으로 고령화 시대를 대비한 노인미술교육이 많이 이루어지고 있다. 노인교육을 담당하는 기관의 명칭은 국가마다 차이가 있다. 우리나라에서는 '노인센터', 일본에서는 '노인 홈', 미국에서는 '시니어센터'라는 명칭을 사용한다.

1) 미국의 노인미술교육

미국의 노인교육은 주로 소외계층을 중심으로 시작하여 점차 퇴직 후 노후 생활의 적응을 위한 문제와 역할의 변화에 따른 적응에 중점을 두는 교육으로 발전되고 있다. 미국은 유럽에 비해 고령화 속도가 늦은 편이어서, 노인을 위한 교육복지 체제에 대한 준비의 시간적 여유가 있었다. 충분한 준비를 거쳐서 마련된 미국의 노년교육은 그 특성에 따라 다양한 교육을 제공하고 있다(한정란 외, 2006).

미국 최초의 시니어센터는 1943년에 세워진 윌리엄 허드슨 지역센터로 뉴욕의 저소득층 주민을 위하여 공공복지부가 창설하였다. 허드슨 지역사회를 시작으로 해서 1947년에는 샌프란시스코, 1948년 필라델피아, 1951년 코네티컷 등에 시니어센터가 세워졌으며 1959년까지 200여 개가 세워졌다. 이후 1980년대 후반에는 전국적으로 9,000여 개의 시니어센터가 세워졌으며 1991년에는 약 800만여 명의 많은 노인이 참여하였다(한정란 외, 2006).

그중에서 쿠퍼티노 시니어센터(city of cupertino senior center)는 미국의 캘리포니아 샌프란시스코에 있으며, 지역의 특성상 중국인이 많아서 중국인을 대상으로 한 미술프로그램도 함께 진행하고 있다. 미술교육 프로그램은 수채화, 유화와 아크릴, 서예, 중국미술 등이다(http://www.cupertino.org/).

한편, 미국의 노인교육센터에서는 노인들에게 비형식적인 학습 기회를 제공하기 위해 '노인 학습자 그룹(The Older, Wise Leaners Group, OWLG)'을 지원하고 있다(김홍록, 1994). 여기서 노인들은 정규 미팅이나 정규 행사를 통해 노인 학습자들과 기본이념을 공유하고, 정보를 교류하며 꾸준히 교육활동에 참여하고 있다. 특히 미국 노인교육의 대표적 프로그램인 '시니어를 위한(Edu-Travel) 엘더호스텔(Elderhostel) 프로그램'은 인생 경험의 기회를 부여하자는 취지로 만들었는데, 미국과 캐나다에 있는 9,007개의 대학 조직망으로 60세 이상의 노인들에게 교육과 모험이 혼합된 프로그램을 제공하고 있다. 숙식은 대학 구내 기숙사에서 제공하고 특별 교육과정도 개설되어 있다. 노인들은 공부도 하면서 여행을 다닐 수 있으며, 저렴한 비용으로 여름 한 달 동안 캠퍼스에서 대학교육의 기회를 얻는데, 교육내용은 문화, 예술, 교양, 과학 등 다양하다.

미국의 노인미술교육은 미술관에서도 이루어지고 있다. 미술관에서는 노인미술활동과 교육프로그램들을 기획, 운영하는데, 이 프로그램을 통하여 노인들은 삶의 경험과 지혜를 공유하며 만남의 기회도 얻는다.

그중 휘트니 미술관(Whitney Museum of Art)의 노인미술교육 프로그램은 하나의 전시와 관련하여 세 가지 시리즈로 구성한다(http://whitney.org). 이때 미술관 관계자들이 지역사회의 노인센터에 나가서 슬라이드를 보면서 대화를 나누며 전시 내용을 제공한다. 때로는 열린 출입의 날(Open Access Day)을 정해서 노인들이 여가를 즐길 수 있도록 하고 있다. 모든 노인프로그램과 자원은 무료이며, 지역사회 노인센터와 협력하여 운영한다(이대영, 2010).

또 휘트니 미술관의 미술프로그램은 노인들이 직접 표현과정을 경험할 수 있도록 환경을 제공하고, 근현대의 아메리카 예술에 대해 토의도 한다.

2) 일본의 노인미술교육

일본은 고령자 생활 터전을 크게 일반가정, 노인 홈, 병원으로 구분하고 있다. 이 중 노인 홈은 노인복지시설이며, 노인 홈은 가족으로부터 분리되었기 때문에 단절되어 있다는 느낌과 소외감을 가질 수 있다. 노인 홈의 경우 노인의 심리상태를 파악하고 외로움과 고립감을 낮추어 줄 수 있는 치료를 겸한 수업이 필요하며 이를 위한 학습 환경도 필요하다.

그래서 노인 홈에서는 노인의 건강을 위한 치료적 수단을 포함하여 노인의 일상생활을 살피고 그들의 이력을 돌아보며 함께 공감하는 일을 학습활동의 기본으로 삼고 있다(다와라 쿠니테루 저, 김지균 · 김향미 · 황향숙 공역, 2003).

노인 홈의 조형 교실에서는 여러 가지 주제를 가지고 학습을 진행한다. 각각의 학습프로그램들은 고령자의 흥미와 능력, 원내의 조형 환경에 맞추어 설계되어 있다. 개개인의 특성을 최대한 고려하여 수업을 진행하며 대화를 중시한다. 그중에서도 처음 미술을 배우는 노인을 위해서는 학습 내용, 학습 시간과 조형 환경을 고려한 활동을 하고 있다(김소미, 2012).

한편 일본의 노인교육은 노인대학, 노인대학원으로 구분하여 단계를 심화해 나가고 있다. 교육 시설별로는 주제를 특성화하여 연속적으로 시행하기도 한다. 미국, 태국, 한국, 독일과의 국제비교조사에서 보면 일본의 노인은 사회와 관계를 맺으며 살고 싶다는 응답자의 비율은 높지만 실제로는 사회와 관계 형성 상황은 훨씬 낮은 편이다. 그러나 자원봉사활동에 대해서는 참여자 수가 증가하는 추세이다〔나카노 이즈미(中野 泉), 2002〕.

3) 영국의 노인미술교육

영국은 2차 세계대전 이후에 산업이 축소되고 은퇴 시기가 빨라지면서 은퇴 후에도 건강하고 활동적인 삶을 살아가는 것을 소망하는 사람들이 많아졌다. 영국은 이미 1978년에 65세 이상의 노인 인구가 총인구의 14.6%를 차지하는 고령화 사회에 들어갔다. 영국의 60세 이상 노인의 교육활동에는 130개 이상의 개인과 조직체들이 참여하고 있다. 퇴직자의 자원봉사활동, 재취업 기회 제공은 물론 죽음을 대비한 교육프로그램도 실행하여 실제적이고 정서적인 입장에서 접근하고 있다.

영국은 전반적으로 문화예술교육의 중요성을 교육정책 전반에 반영하고 있다(이대영, 2010). 이러한 관심은 노인미술교육에도 나타난다. 미술관, 박물관에서 노인미술 수업을 개최하거나, 미술관교육협회에서 프로젝트로 실시하기도 한다. 이처럼 영국은 노인센터뿐만 아니라 미술관, 박물관에서 노인미술교육이 잘 진행되고 있다.

먼저 박물관에서의 노인미술교육을 살펴보면, 1851년 개관한 리버풀 국립박물관(http://www.liverpoolmuseums.org.uk)을 들 수 있다. 리버풀 국립박물관은 노인미술프로그램만 진행하는 것이 아니라, 가족프로그램 안에 노인들도 함께 조형활동을 하도록 운영하고 있다. 리버풀 국립박물관의 노인미술교육은 지역 사람들과 추억을 이야기하고, 공유하는 것을 미술활동의 목적으로 두고 있다. 노인의 작품활동은 물체를 표현하거나, 박물관 방문을 통한 감상활동, 대화를 통한 기억력 향상 미술활동 등이다. 장애가 있어서 박물관에 올 수 없는 노인들은 가정방문을 하거나 직접 노인센터를 방문하여 활동을 돕고 있다.

그리고 영국 미술관교육협회(http://www.engage.org)에서도 노인미술교육을 실시하고 있다. 영국 문화부는 미술관 자원이 모든 국민에게 즐기고 배울 수 있도록 기회를 제공해야 한다는 명목으로 미술관 교육을 지원하는 많은 기관과 유기적으로 활동하고 있다. 영국의 미술관교육협회에서 매년 실시하고 있는 '인게이지 웨일즈(engage Cymru)' 교육프로그램은 사회적으로 고립된 노인들에 초점을 두고 실시하는 프로젝트이다.

대표적으로 2009~2010년까지 지방자치단체와 협력하여 웨일즈 전역으로 실행한 프로젝트가 있다(https://engage.org/engage-cymru/). 이 프로젝트는 보호자, 예술가, 기타 관계자가 모두 '공동 연구자'가 되어 프로젝트에 함께 참가하였다. 프로젝트의 목적은 첫째, 웨일즈 갤러리를 통한 시각 예술의 향상과 미술의 이해, 둘째, 참가자의 창의성 계발, 셋째, 평생학습 기회 증진, 넷째, 자부심, 자신감 향상 및 사회적 상호작용 향상, 다섯째, 사회적 고립, 외로움과 권태에 도움을 주는 것이었다(김소미, 2012).

또 하나 영국의 노인미술교육 사례는 U3A(University of Third Age)이다. U3A는 인생의 후반기를 배우고 즐기고자 하는 사람들을 위한 단체이다.

U3A는 주로 동네에 사는 은퇴한 사람들이 모여서 같이 공부하고 서로 소통하며 노년의 삶을 풍요롭게 하는 것을 목표로 하는 국제 운동이다. U3A는 프랑스 68혁명의 영향으로 생겨났는데, 영국에서는 학술 분야에 한정하지 않고 은퇴자들이 듣고 싶은 강의를 설계하고 교류할 수 있는 '자기 주도 학습' 개념을 도입하였다. 1981년 영국에 도입된 U3A는 프랑스와 성격을 달리하여 자립 자조 운동(self-help)으로 발전시켰다. 영국의 U3A는 대학의 기반이 아닌 '지역 기반'으로 구성되어 있다. 은퇴자들이 교육 설계를 직접 하고 강사 초빙도 하고 스스로 은퇴 전의 경력으로 강의를 하기도 한다. 영국에서 은퇴 후 프로그램 중 가장 성공한 것이 U3A이다. 2017년 영국 1,000여 개 지역에 걸쳐 40만 명이 넘는 회원을 갖고 있다. 더욱 크게 평가받는 것은 정부에서 재정 보조를 받는 프랑스와 다르게 영국의 U3A는 재정도 독립성을 가지고 있다. 교육 참여자들의 회비와 후원금을 통해 교육 운영의 자율성을 높이고 있어서 가능한 일이다(LEF_Wiki, 평생교육포럼Lef).

U3A에서 진행되는 미술 수업은 노인들이 자신의 관심사에 따라 자유롭게 수강할 수 있으며 수채화, 아크릴, 파스텔 등 여러 가지 재료를 활용한다. 수업은 다른 사람의 작업을 통해 배우고 아이디어를 공유하며 서로의 작품을 평가하는 방식으로 진행된다. 미술관 방문 수업 및 야외스케치 수업도 활발하게 이루어진다. 프로그램 과정 중에는 지역 예술가를 초빙하여 작가의 작품 설명을 듣고 다양한 미술 기법을 시연하는 시간도 갖는다. 작가가 작업하는 과정을 듣고, 직접 보면서 노인들은 재료를 사용하는 방법에 대해 알 수 있을 뿐 아니라 작가의 작품에 대한 궁금증을 해소할 수 있다.

이 중 아트그룹은 정기적으로 전시회를 개최하여 자신의 작품을 다른 사람들에게 소개하거나 판매할 수 있다. 이런 운영 방법은 노인들에게 성취감을 높여 주고, 작품의 제작부터 전시 기획, 작품을 판매하는 등 다양한 경험 기회를 할 수 있다(정미혜, 2014). 미술 수업을 수강했던 노인들은 이전에 받은 교육 능력을 발휘하여 교육이 필요한 다른 사람들에게 강의를 제공하기도 한다.

이 밖에 프랑스에서는 '노년'이라는 단어 대신에 '제3의 인생'이라는 말을 사용하고 있다. 프랑스는 1971년 법에서 10명 이상의 노인 고용인을 둔 회사는 그들 봉급의 일부를 대학과 산업체, 자원봉사단체에서의 평생교육 프로그램을 위해 지급하도록 명시하고 있다.

5. 노인미술교육의 활성화 방안

우리나라에서는 노인미술교육의 필요성을 인식하고 노인을 대상으로 하는 각 기관에서 미술교육프로그램을 제시하고 있으나, 일부 장르를 제외하고는 매우 미미한 정도의 활동만 이루어지고 있다. 노인미술활동의 활성화를 위해서는 정부기관, 운영 주체, 평생교육사, 미술전문가들이 함께 협력 체제를 구축하여 다각적으로 새로운 방안을 모색해야 할 것이다.

1) 학습 대상자의 흥미도를 고려한 다양한 프로그램 개발

노인교육의 근본이념은 다른 세대의 교육과 크게 다르지 않다. 교육의 목적은 전인적 인격을 함양하기 위함인데, 그러한 교육은 죽을 때까지 계속되어야 가능하므로 노인교육은 당연히 필요하다.

노인교육에 대해서 1971년 백악관회의(White house Conference on Aging)가 개최되었는데, 이때 "노인에 대한 교육은 모든 노인의 기본권이며, 교육은 충만하고 의미 있는 생활을 하도록 노인에게 주어진 하나의 방법이며, 앞으로 계속되는 것이고, 사회경쟁을 위한 자원과 같이 그들의 잠재력을 개발토록 돕는 방법이다"라고 규정하였다.

우리나라의 노인들도 사회적 변화에 따라 과거 의존적 가치관에서 자립적 가치관으로 변화되고 있다. 자립적 가치관은 노년기를 보다 창조적이고 효율적으로 가꾸어 나갈 수 있도록 하는 새로운 교육을 절대적으로 필요로 한다.

이러한 시대 상황에 부응하기 위하여 노인종합복지관에서도 노인을 대상으로 한 권장프로그램들을 다양하게 개설하여 운영하고 있다. 그러나 미술 분야의 경우를 보면 서예와 동양화, 서양화 등 매우 제한적으로 프로그램이 운영되고 있다.

노인종합복지관에서 활성화되어 운영되는 프로그램은 주로 서예이다.[1] 그 이유는 노인의 흥미를 고려하지 않았기 때문이다. 다양한 미술프로그램을 실행하려면 노인들의 심리적, 정서적, 생리적, 사회문화적, 물리적, 기술적 요인 파악이 우선되어야 하고, 교육내용은 노인의 요구에 따라 선정, 구성되어야 한다. 그 외에는 시설에 대한 문제점이나 전문 강사 수급 등 여러 문제 요인이 있겠지만 노인들의 학력이나 수준별 능력을 고려해야 한다.

하지만 전체 노인의 욕구를 충족시키기에는 예산이 부족하며, 전공 분야의 전문 인력도 부족한 상태여서 노인들의 여가에 대한 욕구를 충족시키기에는 미흡한 상태이다.

따라서 노인들의 욕구에 부응할 수 있는 시설과 프로그램의 다양화를 위해 노력해야 할 것이며, 특히 노인종합복지관에서의 다양한 미술활동 프로그램의 연구 개발이 시급하다.

노인을 위한 미술프로그램 개발을 위해서는 첫째, 노인들이 선호하는 주제나 소재의 선택, 둘째, 다양한 표현 방법 선정, 셋째, 오감을 활용, 넷째, 노인의 선경험과 지식 활용, 다섯째, 배운 내용의 문화적, 교육적 활용 등을 고려한 내용을 구성해야 할 것이다.

---

1) 서울 소재 26군데 노인종합복지관의 미술 관련 프로그램에서 26군데 모두 서예프로그램을 운영하였으며, 참여율도 모집대상 인원을 초과할 정도로 매우 왕성했다. 그러나 서예를 배우고 있는 노인 70명 중 62명 정도로 80%가 넘는 수가 서예를 미술 영역으로 생각하지 않았다. 즉 노인들의 미술에 대한 인식은 색채나 형태가 포함되어 표현되는 것을 미술 영역으로 보기 때문에 노인미술교육 프로그램을 선호하는 빈도는 낮다고 볼 수 있다.

2) 노인 대상 미술교육 전문요원 양성

학교 교육이 교사의 질을 능가하지 못하는 것처럼 평생교육도 평생교육 지도자의 질을 능가할 수 없다.

지금까지 사회교육 전문요원은 「사회교육법(1982년 12월 31일, 법률 제3648호, 제20호)」과 같은 법 시행령(1983년 9월 10일, 대통령령 제11230호) 제9조에 근거하여 처음 양성하기 시작하였다. 이후 1999년 8월 31일 공포된 설치교육법개정법률 「평생교육법(법률 제6003호)」 제18조와 동법 시행령 제정(안) 제7조에 근거하여 사회교육 전문요원은 '평생교육사'로 그 명칭을 변경하여 양성하고 있다.

「평생교육법 시행규칙(안)」 제4조의 규정에 의한 평생교육사 양성과정에서 이수해야 할 평생교육학 영역은 다음과 같다.

〈표 2〉 평생교육법 시행규칙(안) 제4조의 규정에 의한 평생교육학 영역

구분	평생교육학 영역(과목)	비고
1. 필수과목	평생교육개론, 평생교육방법론 또는 산업교육방법론 중 1과목, 평생교육프로그램개발 또는 산업교육프로그램개발 중 1과목, 평생교육경영, 성인학습 및 상담, 원격교육활용론, 인간자원개발	14학점 이상(7과목 이상) 필수
2. 선택과목	청소년교육개론, 여성교육개론, 노인교육개론, 경영학개론, 산업복지론, 기업교육론, 직업과 윤리, 지역사회교육론	6학점 이상(3과목 이상) 필수선택
3. 평생교육 실습, 교육실습, 또는 실무실습		비학점: 3주(필수과목)

주) 1. 과목당 학점을 2학점 이상으로 한다.
2. 실습은 2회(전반 1주, 후반 2주)로 나누어 실시한다.
3. 실습은 졸업 후 실시하거나 3월 이상의 평생교육기관 근무 경력증명서를 첨부하여 졸업 후에 평생교육사자격증을 수여받을 수 있다.

평생교육학 이수 과목과 내용을 보면 평생교육사가 수행하는 역할은 다중적 역할을 요구한다. 따라서 평생교육사는 학교의 역할수행자인 교원이나 특수 직종에 종사하는 전문가 이상으로 이론과 실천을 겸비한 전문지식을 갖추어야 한다.

이러한 역량 중 노인교육지도사가 갖추어야 할 자질을 살펴본다(송명호 · 이영호, 2000).

첫째, 건강, 정력, 적응력, 주도력, 낙관적 기질, 협동심 등이 타인보다 우수해야 한다.

둘째, 노인교육의 대상과 장소, 시간 등의 유동성으로 보아 상황에 대한 판단력과 통찰력뿐만 아니라 피교육자의 욕구를 파악할 줄 알아야 한다.

셋째, 노인교육은 상호학습, 자율학습의 방법이 강하므로 집단상황에 알맞은 과정을 잘 이끌어 갈 수 있어야 한다. 노인교육의 기획과 프로그램 제작 및 진행, 평가, 분석에 이르는 전 과정에서 민주적인 지도 역량을 발휘해야 한다.

넷째, 교육자는 현상 유지가 아니라 변화와 혁신을 촉진할 수 있어야 한다.

다섯째, 인간관계를 잘 조정할 줄 알아야 한다.

특히 노인 대상 미술교육을 담당할 전문교육사는 이상과 같은 충분한 자질을 갖춘 자로서 미술을 전공한 사람이나 미술 관련 학점을 이수한 사람으로 양성되어야 한다.

노인종합복지관에서 미술을 지도하는 사람은 주로 작가나 미술을 전공한 사람이지만 평생교육사 자격증을 소지한 미술지도사는 극히 드물다. 노인미술교육은 작가의 양성이나 인재 발굴 목적이 아니기 때문에 평생교육에 대한 지도자가 두 가지 전문 역량을 갖추면 훨씬 더 교육의 질이 좋아질 수 있다. 전문가의 능력이 완전할 때 노인들이 청 · 장년기에 하지 못한 미술학습 프로그램에 참여하여 자아를 성취하고, 심리적, 생리적, 정서적 안정을 도모하여 삶의 만족도를 높일 수 있는 바람직한 노인미술교육도 가능하다.

3) 시설 확보 및 노인교육기관 운영자의 미술교육 의식 확대

노인종합복지관은 여러 단체에 의해 운영되고 있다. 그래서 노인교육도 운영 주체나 운영자의 성격이나 취향에 따라 현격한 차이가 있다. 보건복지부를 비롯하여 노인복지나 노인교육을 담당하는 정부 기관에서 어느 정도 규정화된 일반 프로그램을 제시하여 실시하도록 방침을 정하고 있지만, 특히 미술교육 프로그램은 운영 주체에 따라 장르나 내용 면에서 많은 차이가 있다.

서울시 소재의 모든 노인종합복지관 담당자에 의하면 대부분 노인은 미술에 흥미와 관심도가 높지만 실제로는 공간의 제약으로 인해 다양한 미술프로그램을 실행하기는 어렵다고 하였다. 그래서 이젤이 필요한 회화 영역이나 전기가마가 필요한 도자기 공예 등 전문 실기실이 필요한 경우는 프로그램을 실행하지 못하는 경우가 많다.

또 한 가지 노인교육기관의 미술프로그램 활성화가 어려운 이유에는 운영 주체나 운영자의 미술교육에 대한 의식 부족도 그 원인으로 꼽을 수 있다.

운영자가 노인들의 미술에 대한 흥미나 선호도 등 실태를 정확하게 파악하고, 연령이나 수준별 능력에 알맞은 노인미술교육 프로그램 개발 및 지도 방법에 대하여 전문가와의 협력 체제를 구축한다면 노인미술교육을 더욱 활발하게 수행할 수 있다. 미술활동이 노인 생활에 미치는 영향은 새로운 것에 대한 도전 정신과 정서적, 심리적 안정 등 매우 유익하다.

따라서 노인복지와 여가생활을 위한 모든 기관에서는 노인미술교육의 활성화를 위해 다각적으로 노력을 해야 할 것이다.

4) 미술교육기관 또는 학교 교육과의 협력체제 구축

정부나 사회는 노인들이 당면한 역할상실, 무료함 등 노후 생활에 미치는 영향이 얼마나 심각한지 더 많은 고민과 연구를 해야 한다. 그리고 이러한 문제의 해결을 위해서는 정부나 사회의 개입이 불가피하다는 인식이 선행되어야 하며, 이들을 위한 프로그램의 개발과 보급을 위하여 과감하게 사회 자본을 투입하는 결단이 있어야 한다.

대체로 노인복지를 위해 노인 관련 프로그램을 실행하는 기관들은 이웃하는 노인복지관이나 노인학교에서 이루어지는 교육이나 여가활동에 준하는 프로그램에서 벗어나지 못하고 있다. 그것은 여러 영역의 활동을 총체적으로 이끌어 나가는 데 많은 어려움이 뒤따르기도 하거니와 영역마다 전문가를 강사로 초빙하기가 어렵기 때문이다.

노인미술교육도 이런 문제점을 해결하기 위해서 관련 교육기관과의 협력 체제 구축이 필요하다. 특히 대학 부설 평생교육원이나 미술대학 등 미술 관련 교육기관과 상호 유기적으로 프로그램 개발의 협력이 이루어져야 한다. 특히 복지관의 미술프로그램이 몇 가지로 제한적인 상태에서 숫자나 양적으로 프로그램을 증가시키기보다는 복지관과 사회 교육기관과의 상호 유기적인 관계를 통하여 학습 대상자의 선호에 따라 취사선택할 수 있는 독창성과 참신성이 있는 프로그램 개발을 해야 한다. 대안으로 노인미술교육 전문가를 복지관의 미술교육 담당 직원으로 배치하여 노인을 위한 미술활동 기능을 활성화할 수 있도록 통합관리 운영하는 것도 방법이 될 수 있다.

5) 세대통합을 위한 아동미술지도자 양성 프로그램 개발

오늘날 평균수명의 연장으로 과거와는 달리 노인들의 욕구가 다양화되고 노인의 단독세대도 증가하고 있다. 전통사회에서는 노인은 풍부한 경험의 소유자로서 가족 또는 지역 공동체 내에서 절대적인 권리를 지니고 있었다. 노후에는 손자녀의 양육에까지 관여하였다. 그러나 서구사상의 도입과 고도한 산업화 현상은 노인을 존경하는 태도와 의식에 커다란 변화를 가져왔다. 물질만능주의 사회로의 변화로 개인주의를 발달시켜 노인에 대한 부양의식도 점차 감소하게 되었다. 또

핵가족화로 인해 노인과 손자녀와의 관계에 정서적으로 많은 차이점이 생겼으며, 맞벌이 부부의 증가로 육아나 아동들의 교육도 많은 문제가 야기되고 있다. 이러한 시대의 어려움 속에서 행복한 노년기를 위해서는 여력이 닿는 대로 다음 세대에게 삶의 의미를 부여하는 일을 한다면 왕성한 체력도 유지하고 이웃과 지역사회에도 보탬을 줄 수 있다.

가령 아동미술 지도자로 노인을 전문가로 양성한다면, 노인들의 오랜 경험과 지식을 바탕으로 수업의 실제감을 높일 수 있으므로 아이들에게 좋은 교육이 될 수 있다. 또 평생교육의 차원에서 아동미술 전문교육을 통해 아이들과 함께할 수 있는 기회를 제공하여 노인의 유휴노동력을 활용할 수 있다. 그러기 위해서는 세대 간의 교류를 원활히 할 수 있는 아동과 노인의 세대통합 미술프로그램의 개발이 필요하다.

세대통합을 위한 노인들의 아동미술지도사 양성교육의 궁극적 목적은 존경받는 노인상을 정립하여 전문교육을 통해 노인과 어린이들에게 교육의 기회를 주고, 노인과 어린이들이 함께 즐길 수 있는 세대 간의 교류를 원활하게 하여 어린이들의 인성교육과 함께 노인들의 일자리 창출에도 의의가 있다.

의학의 발달과 고학력 노인들의 증가로 건강한 노인들의 유휴인력을 아이들에게 제공하여 새로운 교육을 공유한다면 세대 간의 교류 증진은 물론 세대통합도 가능해진다.

노인미술활동의 지속적인 운영을 위해서는 노인미술지도사가 참여할 기회를 많이 제공하는 것이 무엇보다 중요하다. 관내 어린이집이나 유치원, 관계기관 및 시설 등과 네트워크를 구성해서 일자리로 활동할 수 있도록 사회참여 프로그램을 마련하면 좋다. 그리고 아동미술지도사 전문교육을 수료한 노인은 정기적인 스터디모임을 통해 전문 미술지도사로서 역량과 자질을 꾸준히 함양해야 할 것이다.

제2장

노인의 특성

1. 노인의 개념

노인의 연령 규정이나 노인의 개념은 학자마다, 사회마다 조금씩 다르다. 그것은 의학 기술의 발전과 사회적, 경제적, 문화적인 요인 등이 작용하기 때문이다.

노인은 흔히 '어르신', '늙은이' 또는 '나이 많은 사람'과 같은 용어들로 사용된다. 일반적으로 노인은 역연령, 행정규정 연령, 개인의 자각연령(정신적, 신체적) 등에 의하여 정의된다.

노인이라는 말은 원래는 부정적 의미가 없었는데 현대사회에 들어오면서 노인과 노화에 대해 부정적으로 생각하는 경향이 나타나 대부분 노인이라고 불리는 것을 싫어한다.

일본에서는 '숙년(熟年)'이라는 말로 대신하도록 하고 있으나 그다지 널리 통용되고 있지는 않으며, 주로 고령자, 로우진(ろうじん, 노인), 실버시니어 등으로 통용되고 있다〔나카노 이즈미(中野 泉), 2002〕.

영어권 나라 중 특히 미국과 영국에서는 전통적으로 많이 쓰이던 'the elderly' 대신에 'senior citizen, older person' 또는 'older adult'를 사용하도록 권장하고 있다. 이미 UN에서도 1995년 12월 UN총회에서 'the elderly'라는 말 대신 'older person'이라는 말을 쓰도록 결정한 바 있다. 학문적으로 'the elderly'라는 표현은 별문제가 없으나 일상회화나 공식적 정책, 행정 등의 업무에서는 'the elderly'라는 말은 사용하지 않는 것이 바람직하다.

우리나라에서도 '노인'이라는 말을 대신할 수 있는 말을 찾아내거나 새롭게 만들려고 노력하고 있으나 아직은 적합한 말이 발견되지 않고 있다. 현재 사회복지 실천 현장에서는 '어르신'이라는 말을 많이 사용하고 있다.

노인이란 연령을 기준으로 구분하는데 우리나라 「노인복지법에」는 국민연금의 수혜 시기인 65세를 노인이라고 규정하고 있다. 이는 법률상 기준일 뿐 노인 각각의 개인 차이는 반영되지 못한 것이다.

1951년 제2회 국제노인학회(International Association of Gerontology)에서 제시

한 노인에 대한 개념은 '노령화 과정에서 나타난 생리적, 정신적, 환경적 및 행동의 변화가 상호작용되는 복합 형태의 과정'이라고 정의한 것이다.

국제노인학회에서 정의한 노인의 개념을 정리하면, 첫째, 환경 변화에 적절히 적응할 수 있는 능력에 결손이 있는 사람, 둘째, 자신을 통합하려는 능력이 감퇴되고 있는 사람, 셋째, 신체 기관, 조직, 기능에 쇠퇴 현상이 일어나고 있는 사람, 넷째, 생활 적응성이 정신적으로 결손되고 있는 사람, 다섯째, 신체 조직 및 기능의 소모로 적응 감퇴 현상을 겪고 있는 사람을 일컫는다. 이는 노인에 대해서 공식적으로 규정한 시초가 되었다.

노인의 개념 이론으로 가장 많이 인용되는 학자는 브린(Leonard Breen, 1960)인데, 브린(Breen)은 노화의 개념에 생물학적, 심리적, 사회적 노화의 개념을 포함해야 한다고 주장하였다. 여기에는 개인의 자각에 의한 노인, 사회적 역할상실에 의한 노인, 역연령에 의한 노인, 기능적 연령에 의한 노인이 기준이 된다.

첫째, 개인의 자각에 의한 노인은 노인 개인 스스로가 주관적으로 판단하여 노인이라고 생각하는 사람을 노인으로 규정하는 것을 의미한다.

둘째, 사회적 역할상실에 의한 노인은 사회적 지위와 역할을 상실한 상태에 있는 사람을 노인으로 보는 것인데 우리나라는 55세에 정년퇴직하는 경우가 많고 그 이후에는 거의 사회적인 지위와 역할이 줄어들어서 사실상 55세 이후를 사회적인 노인으로 간주할 수 있다.

셋째, 역연령에 의한 노인은 시간 경과의 단위인 달력상에 의하여 일정한 연령(60세 또는 65세)에 도달한 사람으로 정의하며, 일반적으로 65세 이상인 사람을 노인으로 규정하고 있다.

넷째, 기능적 연령에 의한 노인은 개인의 특수한 신체적, 심리적, 사회적 영역의 기능 정도에 의해서 노인을 규정하는 것이다. 셰파드(Michael Sheppard, 1976)에 의하면 기능적 연령에 의한 노인은 노화로 인한 다른 능력의 감퇴에도 불구하고 어떤 특수한 신체적, 심리적, 사회적 영역의 업무를 수행할 수 있다는 전제하에 개인이 특수한 업무를 적절하게 수행할 수 있는 경우를 노인으로 규정하는 것이다. 이러한 정의는 개인 혹은 개인 간의 노화의 특성이 다름을 인정하는 장점이 있다. 그러나 실제로 이러한 판단에는 많은 시간이 걸리고, 판단 기준이 아직 명확하거나 객관적이지 못하기 때문에 편의성이 약한 것이 큰 단점이다.

예컨대, 역연령이 25세인 사람의 기능적 연령은 23~27세에 해당할 수 있으며, 역연령이 75세인 사람의 기능적 연령은 66~84세가 될 수 있다. 즉 기능적으로 보아 역연령보다 젊을 수도 늙을 수도 있으므로 역연령에 의한 기능의 판단은 오차가 있다.

역연령(chronological age)은 뉴가르텐(Neugarten)의 견해로 노인에 대해 생물학적 연령과 사회적 건강에 기초하여 초령 노인(young-old)은 55~65세, 중고령 노인(middle-old)은 65~75세, 고령 노인(old-old)은 75세 이상으로 구분한다. 초령 노인은 아직까지 사회적 일을 하고 있고 능력도 절정을 이루고 있으며, 사회의 중요한 자원으로 중추적인 역할을 하면서 정치, 경제, 사회적 요구가 활발하다. 이에 반해 중고령 노인은 대부분 퇴직자로 사회적인 일로부터 멀어지는 시기로 신체적, 정신적, 사회적인 상실감을 경험한 사람들이므로 사회적인 지지와 건강에 대한 서비스가 필요하다. 고령 노인은 신체적으로 노쇠하여 일하기 어렵고 질병에 걸리기 쉬운 사람이 대다수이다. 또 경제적으로도 곤란한 경우가 많고 가정이나 사회로부터 고립되기도 한다.

그리고 에릭슨(Erik Homburger Erikson, 1902~1994)은 인간 발달 단계에 의해서 노인의 의미를 찾았는데, 노년기는 55세 이후로 통합성과 그에 반대되는 절망감을 느끼는 시기로 성격 발달을 지칭하였다. 이는 노인이 전 생애에서 만족감과 대비되는 감정으로 공허함과 초조함은 물론 절망감을 느낀다는 것을 의미한다. 이는 인간이 발달 단계를 거치면서 생리학적, 사회학적, 심리학적, 사회심리학적 요인과 결부되어 여러 변화를 겪기 때문이다.

우리나라의 경우 사회적으로는 60세 정도를 노인 생활의 시작으로 간주하고 있으며, 55~60세를 법적으로 퇴직 연령으로 규정하고 있다. 또 국민연금법에 따르면 연금 수혜 연령, 노인복지법 연령, 생활보호법의 보호 연령이 생물학적 연령으로 규정되어 있다. 한편 행정규정연령은 「국민기초생활보장법」에서 수급대상 노인을 65세 이상으로, 「노인복지법 시행규칙」에서는 65세를 노인으로 규정하고 있다.

개인의 자각 연령은 본인이 느끼는 심리적, 신체적인 노화 현상으로 문화 또는 환경 변화에 적절하게 적응하지 못하는 경우 스스로 노인이라고 느끼게 된다.

2. 노인의 심리적 특성

일반적으로 노인의 심리적 특성은 성격의 변화와 지적 능력의 변화로 살펴볼 수가 있다. 한 개인의 성격 특성은 전 생애를 동하여 비교적 일정하게 유지된다고 하지만, 연령이 증가함에 따라 새로운 역할과 경험을 하면서 새로운 성격 형태를 얻게 되기 때문에 같은 상황일지라도 연령 단계에 따라 전혀 다르게 반응하게 된다. 직업, 경제적 여건, 건강 수준, 거주자, 사회적 지위에 따라 각자 다른 경험과 관점을 갖게 된다. 소년기부터 노년기에 이르기까지 어떤 경험을 하느냐에 따라 개인의 성격 형성에 큰 영향을 미치게 된다.

노년기에는 여러 가지 개인적, 가족관계 및 사회적 스트레스로 인해 우울증 경향이 증가하게 된다. 로스(Eric Ross)는 이것을 노년기의 생애와 관련시켜 은퇴, 사별 등의 상실, 경제적 어려움, 건강 문제, 사회와 가족으로부터 소외, 자기 통제력의 상실 등 부정적인 스트레스 요인이 우울증 경향을 증가시킨다고 보았다.

나이가 들어갈수록 남녀의 성 역할도 달라지게 된다. 융(Carl Jung)은 남녀 모두 남성성과 여성성을 소유하고 있는데, 평생 남성성을 많이 소모한 남자 노인에게는 여성성이 많이 남아 있게 되고, 여성 노인의 경우에는 반대로 남성성이 많이 남아 있게 된다고 말한다. 즉 성 역할의 지각변화로 양성성이 강해져 남성 노인들은 점점 여성적이고 수동적으로, 여성 노인들은 오히려 능동적이고 권위적으로 변한다. 양성성이 강한 노인일수록 노년기 적응이 좋다는 연구들이 많다.

노년기에는 친근한 사물이나 오랫동안 사용한 물건에 대해 애착심이 강하다.

친근한 물건은 이미 물체가 아니라 또 다른 인격체로서 자신의 분신처럼 여기기도 한다. 때로는 자신의 유한성을 인정하여 자녀 양육이나 생산적인 여러 활동을 통해 성취한 일들에 대한 자취를 남기고자 하는 욕구가 강해진다. 에릭슨(Erikson)은 이런 현상을 장년기 이후 나타나는 생성감의 실질적인 표현이라고 하였다. 또 노년기에는 신체적, 경제적 의존성이 강해진다.

김응일(1994)은 노인의 심리적 측면에 대해서 다음과 같이 규정하였다.

첫째, 조기 정년퇴직과 현대사회에서 노인의 기능 저하가 부적절해짐에 따라 자신의 역할을 제대로 발휘하지 못하는 것에 기인하여 심리상태의 불안정 현상이 생긴다.

둘째, 나이가 들면서 가족이나 사회로부터 자신의 존재 가치를 인정받고 싶은 마음이 생긴다.

셋째, 늙어서 아무것도 할 수 없다고 생각하면서도 마음으로는 무언가 하고 싶은 욕망이 있다.

넷째, 대화 상대가 없어짐을 느끼면서 더 많은 사람들과 사귀고 싶어 한다.

다섯째, 오래 살려는 욕망이 있다고 말하고 있다.

시몬스(Simmons, 1978)는 노인의 심리적 특징으로서 가능한 한 오래 살고 싶은 욕구, 힘든 일로부터 해방되고 신체적 고통으로부터 보호받고자 하는 욕구, 집단 활동에 계속해서 적극적으로 참여하고 싶은 욕구, 자신이 가지고 있는 특권인 소유물, 권리, 권위, 위신 등을 보호하고자 하는 욕구, 죽음을 위엄과 편안으로 맞고자 하는 욕구 등이 있다고 했다(Sherron & Lumsden, 1990).

노년기의 성격 특성에 따른 심리적 변인으로는 주로 낮은 자아존중감, 낮은 사회적 지지, 실패경험에 대한 부정적 귀인, 스트레스에 대한 비효율적인 대처방식, 내적 통제성, 가족의 지지, 생활만족도, 사회적 관계에 대한 만족도 등이 연구되어왔으며, 이들 모든 요인이 노년기 우울에 어느 정도의 상호적인 영향을 미치고 있는 것으로 나타나고 있다.

홍숙자(1999)는 노인의 일반적 성격적 특성과 심리적 욕구를 다음과 같이 정리하였다. 노인의 일반적 성격적 특성은 다음과 같다.

① 내향성과 주동성의 증가: 노인들은 외부보다 내부로 관심을 돌리며 적극적으로 문제를 해결하려 들기보다는 의존하려는 경향이 있다.
② 조심성과 경직성의 증가: 노인들은 감각기능의 감퇴로 인해 조심성이 증가하게 된다. 또 이러한 조심성은 옛것을 그대로 유지하려는 보수성과 경직성을 보이며 고집스럽게 자신을 주장하는 경향이 있다.
③ 우울증의 증가: 노년기에 우울증 현상을 보이는 것은 일반적인 현상이다. 그러나 이러한 우울증은 개인의 적응능력 수준에 따라 달라지게 된다.
④ 과거 회상의 증가: 노인은 생애회상을 하는 비율이 증가하며 이러한 과정은 자연스러운 현상이다. 노인들은 이러한 회상을 통해서 현재의 자존감을 높여 주며 회상을 통해서 자아통합을 이루게 된다.
⑤ 의존성의 증가: 노인은 신체적, 경제적 능력의 쇠퇴로 인해 의존성이 증가하게 된다. 이러한 의존성은 자연스러운 현상이다.

이에 따른 노인의 심리적 욕구는 다음과 같다.

① 정신적으로나 경제적으로 안정감을 가지기를 원한다.
② 아직도 무언가 할 수 있음을 보이기 위해 알고자 하고 배우고 싶어 한다.
③ 친구나 자녀들과 정서적이고 감정적인 유대관계를 가지기를 원한다.
④ 건강하고 더 오래 살기를 원한다.
⑤ 자신들의 존재 가치를 인정받고 싶어한다. 특히 노인에게는 자기 유용감에 대한 자기 확신이 무엇보다 중요하다.

윤진(1985), 최성재 외 (2014), 조추용(2019)은 노인의 성격 변화의 심리적 특성을 다음과 같이 구분하였다.

① 우울성향의 증가

노년기 우울감의 유발요인으로는 신체적 질병, 배우자나 친구의 죽음, 경제적 어려움, 사회와 가족으로부터의 소외 및 고립, 일상생활 수행능력의 저하, 과거에 대한 회한 등이 있다. 이로 인하여 노년기에는 수면장애, 슬픔, 분노, 외로움, 식욕 저하, 무감동, 증오심, 강박관념 등의 증상이 나타나기 쉽다. 그러나 이러한 성향은 개인적인 적응능력에 따라 차이가 있다. 우울성향이 강한 노인들은 공감적 이해와 울음요법이 효과적인 대응방법이 된다.

② 내향성 및 수동성의 증가

노년기가 되면 관심이나 주의를 외부에 두기보다는 자신에게 돌리는 경향 때문에 자신의 사고나 감정에 의해서 판단하려는 성향이 강해진다. 이러한 사고나 감정을 외부로 표출하기보다는 내적으로 삭히는 성향이 증가하기 때문에 능동적으로 자신을 표현하지 못하고 상대방이 알아서 해 주기를 바라는 수동성이 강해진다. 따라서 노인을 대할 때는 노인의 심리상태를 미리 파악하여 표현하지 못한 욕구까지 읽어서 능동적이고 적극적으로 대하는 것이 좋다.

③ 성 역할 지각변화

노년기가 되면 성인기까지의 성 역할이 역전된다. 학자들은 그 이유를 갱년기 이후 호르몬의 영향이라고 주장한다. 그러나 이러한 변화는 사회적 현상으로 인하여 더 크게 영향을 받는다. 변화양상으로는 과거에 권위적, 지배적인 특성을 가진 남성 노인은 의존적, 관계 지향적, 친화적 성향이 증가하는 반면에 과거에 순종적, 희생적인 특성을 가진 여성 노인은 공격적, 자기중심적, 지배적, 권위적인 성향으로 역할의 반전 현상이 나타난다.

④ 경직성의 증가

사람은 연령이 증가함에 따라 자신의 사고나 습관이나 행동을 고수하려는 경향이 있다. 특히 노년기가 되면 모든 면에 자신감이 없어지기 때문에 자존감을 유지하기 위해서 사고나 습관, 행동을 고집하려는 특성을 보인다. 이러한 특성은 노년기의 학습 능력이나 문제해결 능력을 저해하는 요인이 될 수 있다. 경직성은 이해와 수용, 인정하는 태도로 완화될 수 있다.

⑤ 조심성의 증가

노년기가 되면 매사에 조심성이 증가하게 된다. 노화로 인해 모든 일상생활에 자신감이 저하된 노인들은 조바심이 생기거나 남을 믿지 못하는 심리상태를 가지면서 여러 번 반복하고 확인하는 습성이 생긴다. 이로 인하여 노인들은 반복적인 질문이나 강박적인 행동, 사고 비약 등의 특성을 보인다.

⑥ 과거를 회상하려는 경향

노년기가 되면 생의 시간이 얼마 남지 않음과 죽음이 가까이 다가옴을 지각하면서 과거를 회상하는 경향이 증가한다. 가까운 과거부터 먼 과거로 거슬러 올라가면서 해결되지 않은 갈등 문제를 해결해 보려고 하거나 과거를 후회하고 반성함으로써 자아통합을 이루려는 마음을 가지게 된다. 노인들에게는 비록 힘들고 고달픈 과거였어도 과거를 회상하는 것이 행복한 시간이다. “아이들은 미래에 살고, 청년들은 현재에 살고, 노인들은 과거에 산다”는 우리 속담은 이 특성을 잘 반영한 말이다.

⑦ 친근한 사물에 대한 애착

노인이 되면 오래 사용해 온 물건에 대한 애착이 강해진다. 그 이유는 현대사회에서 하루가 다르게 변화하는 현실에 적응하기 어려운 노인들에게 변하지 않는 물건들은 편안함과 안락감을 제공해 주기 때문이다. 애착을 가지는 물건으로는 자신이 구매한 집이나 가재도구, 오래된 사진, 추억이 담긴 골동품, 일용품 등이다. 노인들에게는 무조건 비싸고 새로운 것이 귀한 것이 아니다. 오래 소장하고 있던 것들이 더 가치 있다고 생각하기 때문에 옛것을 수선하거나 보수하여 편리하게 사용할 수 있도록 배려하는 자세가 필요하다.

⑧ 유산을 남기려는 경향

노년기가 되면 죽기 전에 무엇인가 남기고 죽으려는 특성을 보인다. 노인 세대들은 유산이 중요하다고 인식하고 있어서 재산을 남기기 위해 정작 본인들은 궁핍하게 살아가고 있다. 유산 중에는 자녀, 지식, 가치관, 예술작품이나 문학작품, 장인 기술이나 재산, 돈, 아름다운 기억 등이 있다. 그러나 우리나라 노인들의 사고에서 유산은 동산, 부동산으로 인식되어 있다. 따라서 진정한 유산 가치에 대한 인식은 크게 변화할 것이다.

⑨ 의존성의 증가

노년기에는 모든 여건이 열악하여 독립적인 생활이 불가능해지므로 당연히 의존성이 증가하게 된다. 노인의 의존성은 병리적인 현상이 아니라 정상적인 노화 현상이다. 의존성에는 경제적 의존성과 신체적 의존성, 심리 정서적 의존성 및 사회적 의존성 등으로 나타난다.

3. 노인의 신체적 특성

인간의 육체는 노화에 따라 여러 가지 변화가 나타난다. 그중에서도 노년기의 신체적 변화는 첫째로, 감각기관의 퇴화를 들 수 있다. 시각 기능의 저하로 수정체가 황색화되면서 색채 변별 능력이 쇠퇴하며 또한 청각 기능의 감퇴로 소리의 높고 낮음의 구별에 어려움을 겪게 된다. 그리고 미각 후각 기능의 쇠퇴도 60세 이후에는 그 속도가 더 빨라지며 치아의 상실과 생식 능력의 감퇴 등 전반적인 신체 기능이 크게 쇠퇴하거나, 저하 또는 퇴보한다.

이 밖에도 호흡 기능의 저하, 혈액 순환의 문제, 심장 기능의 저하, 소화 기능의 감퇴, 수면시간의 변화에 따른 인지기능의 감퇴 등도 노인의 신체적 변화의 중요한 특징이다. 특히 지각능력, 즉 지능에서도 노년기에는 커다란 퇴화가 나타난다. 워너 샤이에(K. Warner Schaie)는 노년기 지능 변화에 대해 60세 이전까지는 지능지수의 감퇴가 없지만 70세 경부터는 크게 감퇴한다고 하였다. 물론 노인마다 차이는 있겠으나 대개 자료를 처리하고 평가하는 지적 능력이 확실히 떨어지고 처리 능력도 지연되게 된다. 따라서 노년기에 경험하는 전반적인 신체기능의 저하와 가속에 적응하는 일도 노년기에 해결해야 할 과제 중의 하나이다. 실제로 자신의 신체적인 변화에 자신을 적응시키지 못할 때 노년기의 안정된 삶은 기대하기 어렵다.

노인이 되면 대개 질병에 봉착하게 되는데, 병에 대한 저항력이 감소될 뿐 아니라 질병의 회복 속도도 느려진다. 물론 젊은 사람도 부러워할 만큼 건강하고 왕성한 원기를 가지고 생활하는 노인도 있으나, 대체로 노인들은 당뇨, 고혈압, 중풍, 암 등 성인병의 위험 앞에 놓여 있으며 이러한 건강의 악화는 노인들에게 심리적 상실감을 느끼게 하는 원인이 된다.

개인차는 있겠지만 65세 이상 노인의 약 4분의 3은 그들의 활동을 제한하는 한두 가지 만성적인 병을 지닌다. 만성병에는 관절염, 고혈압, 심장병, 당뇨병, 동맥경화, 골다공증 등이 대부분이며 그 밖에 암과 내부기관의 쇠약으로 고통을 받는다. 특히 동맥경화는 연령이 증가함에 따라 경화되는 비율이 현저히 증가한다. 50대에는 약 70%, 60대에서는 90%, 70대 이상에서는 거의 모든 사람에게서 동맥경화를 볼 수 있다. 특히 노년기에는 심장질환, 뇌졸중, 암 등 세 가지 치명적인 질병이 모든 노인 사망 원인의 4분의 3 이상을 차지하고 있다. 1980년대 중반까지만 해도 노인 사망의 1순위가 노쇠혈관의 문제로 인한 뇌졸중이었으나 최근에는 암으로 사망하는 노인이 1순위로 나타나고 있다. 또 노년기에 주된 기질성 정신장애로 알려진 노인 치매는 젊은 시기에 비해 세 배에서 여섯 배나 더 나타나는 것으로 알려져 있다.

4. 노인의 사회적 특성

노인의 사회적 문제는 정년퇴직과 관련하여 지위와 역할이 변화됨과 무관하지 않다. 퇴직으로 인한 직업적 역할의 상실은 의무적인 활동에서 벗어나 이제는 모든 시간을 여가활동으로 보내야 한다는 마음에서 비롯된다.

정서적인 상태를 살펴보면 정서는 여러 가지 느낌 또는 감정의 경험을 의미한다. 모든 사람은 생활 속에서 변화를 경험하지만, 현대사회에서 노인은 사회 경제적 및 건강상의 측면에서 일반인들보다 많은 상실의 상태를 경험하고 이것은 노인들에게 있어 더욱 심각한 문제라고 할 수 있다.

인간은 살아서 움직이는 생물학적인 존재이며 느끼고 판단하고 생각하는 심리적인 존재일 뿐만 아니라 다른 사람들과의 상호작용을 통해서 살아가는 사회적인 존재이다.

이웃 관계를 살펴보면 노년기 동안 노인이 경험하는 것은 신체적 기능의 퇴화와 더불어 퇴직, 사회적 교류의 축소라고 할 수 있다. 따라서 사회적 관계의 축소를 경험하는 노인에게 이웃의 중요성은 더욱 커지게 되는 것이다.

일반적으로 가족생활을 통하여 가족 구성원들이 인간으로서 갖는 기본적 요구를 충족시키고, 가족 간의 상호작용과 각자 맡은 역할을 실행하면서 가족 전체의 안녕을 도모한다. 따라서 노인이 더욱 건강하고 정서적, 심리적, 정신적 생활을 영위해 나가기 위해서는 가족과의 밀접한 관계 형성이 중요한 요인이 된다.

노화는 생물학적, 심리적으로만 나타나는 것이 아니라 사회적인 관계 상황의 변화로 인해서 초래되기도 한다. 노화 현상은 노인의 사회적 관계나 활동을 떠나서는 설명될 수 없다. 노인의 노화는 다음과 같은 사회적 관련 상황들에 커다란 영향을 미친다.

1) 역할과 지위의 변화

지위와 역할의 변화는 노년기의 가장 뚜렷한 특징이다. 지위와 역할의 변화는 상실과 취득, 중요성의 약화, 역할의 종류와 규모 및 실행 방법의 변화로 나타난다. 직업인으로서 역할을 상실하게 되고 퇴직자로서 역할은 취득하게 된다. 가장의 역할도 상실하게 되는데 배우자의 사망으로 인해 남편이나 아내의 역할이 상실되는 반면에 의존자나 조부모의 역할을 획득하게 된다. 역할수행에서도 지위에는 변화가 없으나 주도적인 역할은 상실되고 조언자나 지지자 정도로 역할의 내용이 축소되게 된다.

2) 자녀의 독립

노년기가 되면 자녀들은 진학이나 취업, 결혼 등의 이유로 독립하기를 원한다. 이 시기를 '빈둥우리시기'라고도 한다. 노년기가 되면 부모들이 이러한 상황을 경험함으로써 스스로 노인이 되었음을 인식하게 된다. 자녀를 독립시킨 후에 부모의 역할이나 부부, 부모-자녀와의 관계에서는 변화가 일어난다. 부모와 자녀 간의 애정 밀착 정도, 부모 자신의 자아성취를 위한 관심, 생의 목표 등에 대한 긍정적 또는 부정적 변화를 가져온다.

우리나라의 부모들은 자녀와 성공적으로 분리되는 사례가 흔하지 않다. 부모들의 전통적 가치관에서 효도를 핑계로 자녀를 부모의 소유물로 여기며 친밀성과 접촉성을 유지하려는 부모들의 심리적 의존성도 엿볼 수 있다.

3) 퇴직

퇴직은 직업적 역할의 상실이라는 면에서 보면 부정적인 자아상을 형성하는 문제의 요인이 된다. 퇴직은 모든 사람에게 같은 의미로 이해되는 것이 아니다. 자발적이었는지, 강제적이었는지, 정년퇴직이었는지, 또 개인의 인생관이나 생활 목표에 따라서 그 의미가 다를 수 있다. 평균수명이 증가하는 현대사회의 추세에 대비하여 국가적 차원의 제도나 정책적 대안이 마련되고 있지만 모든 사람에게 언젠가는 퇴직이라는 상황은 피해갈 수 없다. 퇴직은 곧 노화를 자각하게 된다. 따라서 우리는 퇴직에 대한 인식을 부정적인 관점보다는 새로운 삶을 시작하는 의미로 수용해야 할 것이다.

4) 경제적 의존성

노인의 경제적 의존성은 퇴직 이후에 많이 나타난다. 대부분 퇴직 후에는 수입이 절반 이하로 감소하기 때문에 노년기의 경제적 의존성은 불가피한 상황이다. 현재 우리나라 노인들의 노후 생활 보장은 과반수가 자녀들의 지원에 의지하고 있는 수준이다. 현재 우리나라의 연금제도는 특수지역 연금 및 국민연금 대상자 등의 노인들 외에는 노후보장에 턱없이 부족한 수준이다.

5) 신체적 의존성

연령이 증가함에 따라 신체적 및 정신적 건강은 약해지는 것이 일반적인 현상이다. 그러므로 노년기에는 개인은 물론 사회생활도 타인의 도움을 받아야 가능하게 된다. 신체적 의존성이 높아질수록 사회적 역할수행도 어렵게 되어 결국은 모든 역할수행을 중단해야 하는 상황에 이른다. 신체적 의존성은 가족의 보호를 요구하게 되고, 자녀들의 부양 부담이 가중됨에 따라 결국 가족 갈등을 유발하게 된다.

6) 생활환경의 변화

직장생활을 하던 사람들이 퇴직을 기점으로 시간을 보내는 장소가 직장에서 가정으로 바뀌게 된다. 가정에 머무는 시간이 길어짐에 따라 가정 내에서의 새로운 역할수행이 필요하게 되고 이 과정에서 가족구성원 간에 역할 갈등을 빚게 된다. 또 퇴직이나 자녀의 독립 후에는 주거환경에도 변화가 나타난다. 주로 주택 규모의 감축, 교외로 이주, 귀농 등과 같이 노후 생활에 적합한 형태로 생활환경이 변하게 된다. 이와 같은 노년기의 변화와 관련된 사회적 상황들이 사회적 노화 유발의 요인이 되고 있다.

5. 노인의 경제적 특성

노인의 경제적 문제는 노인의 정신건강에 막대한 영향을 준다. 재정상의 보장은 어떤 의미에서 노인의 신체와 건강 여하보다도 훨씬 더 중요할 수 있다. 은퇴 후는 사회적 지위와 권한의 감퇴, 자신감과 위신의 하락, 거기에 수반되는 것이 경제적 타격이다. 이런 변화는 심한 불안과 우울 상태까지 초래한다. 경제적으로 곤경에 빠진 사람은 노인성 정신장애도 더 빈번하게 나타난다.

1) 노년기 경제생활의 변화

노인의 경제 상태는 노년기 이전과 다르게 정기적 수입이 줄어들고 소득도 경감되는 것이 일반적이다. 노년기의 경제생활 유형은 개인의 교육 수준, 노동능력, 가족 구성과 생활력, 일생의 소득, 소비와 저축 패턴과 밀접한 관련성이 있다(권중돈, 2018). 노년기에는 건강 문제나 재취업의 기회가 제한되기 때문에 무소득

상태가 될 수 있다. 종래는 가족이나 자녀에게 의존하는 경제적 의존상태로 변하게 된다. 노년기의 지출되는 항목도 변하게 되는데, 특히 신체적 노화로 인한 질병 치료비에 지출되는 의료비가 증가한다. 이러한 변화는 노인의 경제생활을 더 어렵게 하는 요인이 된다.

2) 노인의 경제 상태

노인가구 총소득 중 근로소득이 34.2%로 가장 큰 비중을 차지하고 있다. 이것은 노인이 되어도 계속 근로를 통하여 수입을 발생시켜야 하는 현실을 반영한 것이다.

노인의 개인의 소득원을 살펴보면, 사적이전소득 93.4%, 기초연금 68.6%, 공적연금 34.6%, 재산소득 23.5%, 근로소득 17.1%, 사업소득 14.8% 등으로 조사되었다. 공적이전소득은 공적연금, 기초연금, 국민기초생활보장급여(생겨급여, 주거급여, 교육급여), 기타 공적급여이며, 사적연금소득은 개인연금, 퇴직연금, 주택 농지연금 등이 있다.

노인의 자산을 살펴보면, 전체의 91.3%가 부동산을 가지고 있으며, 노인가구의 29.0%가 부채가 있는 것으로 나타났다.

노인가구의 소비지출 상태를 살펴보면 주거관련비 30.4%(월세 5.5%), 보건의료비 23.1%, 식비 18.7%, 경조사비 4.4%로 주거관련 비용이 가장 많은 비중을 차지하였다.

노인개인지출 내역을 살펴보면 보건의료비, 간병수발비, 문화여가비, 경조사비 지출비율이 93.6%로 나타났다. 이는 노인의 신체적 특성과도 관련이 있다.

3) 노인의 경제활동 참여실태

65세 이상 노인 중 30.9%가 수입을 목적으로 경제활동에 참여하고 있다. 단순 노무에 종사하고 있는 비율이 40.1%로, 농림어업숙련종사자 32.9%, 기계 조작 및 조립종사자 7.5%, 판매종사자 5.6%, 서비스종사자 5.2%로 단순 노무에 가장 많이 일하고 있음을 알 수 있다.

노인이 근무하고 있는 장소는 농사 34.9%, 민간회사 17.3%, 개인 사업체 15.2%, 공공기관 15.1%로 농사를 짓고 있는 노인이 가장 많았다. 현재 일을 하는 이유로 생계비 마련이 73.0%로 가장 많았고, 용돈 마련 11.5%, 건강유지 6.0%, 시간 보내기 5.8%로 나타났다.

통계수치는 해마다 조금씩 변화가 있기 마련이지만 노인들의 경제활동 참여를 많이 한다는 것은 경제적으로 빈곤한 상태임을 알 수 있다.

제3장

노인의 인지 · 감각이론

일반적으로 노인의 기능 상태에는 신체적 기능과 인지적 기능으로 구분되는데, 신체적 기능으로는 일상생활동작(Activities of Daily Living, ADL)을 통해서 그 상태를 측정하고, 인지적 기능의 경우에는 간이정신상태검사(Mini-Mental State examination for Dementiascreening, MMSE-DS) 등과 같은 도구를 통해서 측정하고 있다. 일상생활동작에는 옷 입기, 세수·양치질·머리 감기, 목욕·샤워하기, 차려놓은 음식 먹기, 누웠다가 일어나 방 밖으로 나오기, 화장실 출입하기, 대소변 후 닦고 옷 입기, 대소변 조절하기 등 7개의 기본적 지표(basic ADL)와 몸단장하기, 집안일 하기, 식사 준비하기, 빨래하기, 제시간에 정해진 양의 약 챙겨 먹기, 금전 관리, 근거리 외출하기, 물건구매 결정·돈 지불·거스름돈 받기(쇼핑하기), 전화 걸고 받기, 교통수단 이용하기 등 10개의 도구적 지표(instrumental ADL)로 구성되어 있다.

그 이외에 시력, 청력 및 저작력(씹기능력) 등의 감각기능을 통해서 신체상의 기능 상태를 추정하기도 한다. 특히, 신체적 기능과 인지적 기능의 지표는 장기요양상태에 의한 타인의 도움 필요 유무를 결정하는 데 중요하게 작용하고 있으며, 노인장기요양보험 제도의 대상자를 선정할 때 기준이 되고 있다.

노화는 나이가 들어감에 따라 자연스럽게 생기는 현상이며, 노화와 더불어 인지와 행동에 변화가 나타난다. 심리적 노화의 개념은 인지기능, 감각기능, 정서 및 정신기능, 성격 등의 심리 내적 측면과 심리 외적 측면과의 상호작용에 있어서 퇴행, 유지 및 성숙을 동시에 내포하는 심리적인 조절 과정이다.

1. 노인의 인지기능

인지기능이란 충동, 지각, 흥미, 동기, 기억, 논리, 사고, 학습, 문제해결, 판단과 같은 정신적, 지적 과정을 말한다.

인지기능은 뇌가 가지는 고유능력으로 크게 주의 집중력, 시·공간적 지각 및 구성 능력, 전두엽 관리기능, 성격 및 정서 기능으로 나눌 수 있다. 이를 기반으로 해서 주의 집중력, 기억력, 언어능력, 시·공간능력, 추상력 및 규정 이동에 관해 노화에 따른 변화를 살펴보면 다음과 같다.

1) 기억력의 변화

기억은 기억저장고에서 정보를 입력시키는 과정을 말하는 등록(encoding)과 저장된 정보를 유지하는 과정을 의미하는 유지(storage), 저장된 정보를 꺼내 쓰는 과정을 말하는 인출(retrieval)로 구분된다. 신경학적으로 주로 발생하는 기억장애는 먼저 새로운 정보를 등록, 유지, 인출하는 것뿐만 아니라 기존에 저장되어 있던 정보마저 잃을 수 있는 기억장애가 있을 수 있다. 나이가 들어도 감각적 기억이나 한 문자를 규명하는 일차성 기억은 거의 상실되지 않는다. 이에 반해 새로운 정보의 획득과 보유에 관계되는 이차적 기억은 나이에 따라 그 차이가 크게 나타난다.

기억은 개인마다 차이가 크며, 기억의 유형은 같은 사람이라도 상당히 다르다. 정보를 순간적으로 짧은 기간 동안 유지하는 감각기억이나 단기기억의 용량에서의 변화는 크지 않다. 하지만 자극의 제시 속도가 빠른 경우 노인들의 기억수행 능력은 떨어지고 기억 내 여러 정보의 간섭을 받게 되는 것으로 보고되고 있다. 이러한 요인들로 인해 사람들은 나이가 들어감에 따라 기억 효율 면에서 약간의, 그리고 그 정도에 논란의 여지는 있으나 점진적으로 감퇴가 있는 것으로 여겨진다(김동기 · 김은미, 2010).

기억에 관한 많은 연구에서 노인들은 대체로 정보를 처리하고 저장하며 회상하는 속도와 효율성이 감퇴한다고 하였다. 기억 속의 자료를 불러내는 기술은 사용하지 않으면 나이가 들면서 감퇴한다. 하지만 반대로 계속 사용한다면 기억은 평생 유지되거나 더 나아질 수 있다. 따라서 노인일수록 기억력 감소를 저지시키기 위한 정보처리 능력 함양은 물론 기억력 회상 등 꾸준한 노력이 필요하다.

2) 주의 집중력의 변화

노인의 경우 지속적인 집중력이나 표적을 찾는 선택적 집중력의 경우는 큰 변화가 없으나, 과제를 정확하게 수행하기 위해서 특별히 빠른 반응 속도를 요구하는 이중과제의 경우는 많은 감퇴를 보이게 된다.

주의집중을 하는 것은 정보처리의 중요한 부분이다. 주의의 특징은 크게 선택과 집중으로 나눌 수 있다. 선택적으로 주의집중을 하는 것은 관련 없는 정보를 차단해 주어 너무 많은 정보로 인해 우리의 정보처리 기제가 과부화되는 것을 막아준다. 사람이 자극에 주의집중을 하게 되면 그 자극 경험은 지각 기억 속에 저장된다(김동기 · 김은미, 2010). 만약 산만한 사람의 경우 많은 사람에게 있는 특정 자극에 초점을 맞출 수 없다면 자극을 기억으로 부호화하는 능력은 손상된다.

인간은 감각기억에 비해 작동기억에서 다룰 수 있는 정보의 양이 훨씬 적다. 그것은 다양한 감각기관을 통해 다양한 정보들이 쏟아져 들어오고, 그중 주의를 끄는 것에만 선택적으로 집중하기 때문이다(Hiller & Barrow, 1999).

노인이 젊은이들보다 주의집중이 낮은 이유는 젊은이들보다 관련 없는 정보를 구분해내는 능력이 부족한 것도 원인이 된다.

3) 언어능력의 변화

음성학적 능력은 나이가 들어도 잘 유지되는 편이며, 어휘력도 어의학적으로 연관된 단어에 대한 감수성은 유지된다. 이에 반해 문장의 우발적인 회상이나 고도의 기억력을 요구하는 구문론적 구조는 나이가 들면서 감소하게 되고, 복잡한 자료 이해나 단어 회상에 대한 어의적 정보도 직접 사용하는 데는 어려움이 있다.

의미론적인 측면에서 가장 두드러진 고령층의 표현언어 능력은 단어인출 능력의 감소에 따라 이름대기 능력의 저하이다. 이름대기 능력의 저하로 인해 고령층의 발화는 말의 흐름이 중단되는 구어적 휴지를 보이거나, 문장을 완전하게 끝마

치지 못하고, 범주적 이름대기와 같은 단어유창성 기술이 감소한다. 구문론적 측면에서 실제 담화 산출 시 올바른 구문을 사용하지만, 다양한 구문 형태를 구사하지 못한다(김향희 외, 2013).

담화적인 측면에서는 단어인출의 어려움으로 인하여 애매한 단어를 사용하고, 인지처리 속도가 느려서 말하는 중간에 쉼이 나타나며, 주의력 손상으로 인하여 주제 일관성 및 응집 정도가 떨어진다.

단어 수준의 의미론적 측면에서는 고령층 이해능력이 청장년층과 차이가 없다는 견해가 일반적이다. 반면, 구문론적 측면에서 고령층의 수행력이 청장년층과 차이가 없다는 보고와 수행력이 낮다는 보고가 공존하나, 복잡한 문장 이해 및 일화적 기억을 요구하는 과제에서 수행력 감소를 보인다는 견해가 일반적이다. 담화론적 측면에서는 문장에 포함된 단어의 예측 가능성에 따라 이해 정도에 차이가 있다(김향희 외, 2013).

4) 시·공간 능력의 변화

시·공간능력은 시각운동 기능에 영향을 미치는데, 노인은 불완전한 형상을 규명하거나 숨겨진 모양을 인식하는 데 어려움을 겪는다.

시·공간능력은 일반적으로 대상을 정확하게 지각하고, 표상하며 공간적인 정보를 변형시키는 것과 관련되는 중요한 인지적 구성요소이다(Halpern, 2000; Linn & 1985; Marcia & Joshua, 2002). 이는 주로 일상생활에서 효율적으로 길을 찾아가는 것과 관련되는 능력과 대상을 지각한 후 이를 통합하거나 재구성하는 시공간 구성 능력으로 분류할 수 있다.

5) 추상력과 규정 능력의 변화

노인은 기억을 요구하는 추상적인 과제나 분류와 규정 유지는 잘 수행하지 못하는 경향이 있다. 추상적인 문제와 구체적인 문제에 대한 해결능력은 변화한다. 노인은 무의미하고 추상적인 문제를 해결하는 것보다 구체적인 문제를 더 잘 해결하는 경향을 나타낸다. 이것은 부분적으로 흥미와 동기의 차이를 의미한다. 과제가 의미 있고 구체적이면 동기 수준도 높아지게 된다. 노년기에 구체적인 문제해결 능력은 추상적인 문제가 제시되었을 때보다 문제해결을 더 잘한 것으로 나타났다(Labouvie-Vief, 1985).

그리고 노년기에는 개념과 가설을 형성하는 데 시간이 오래 걸리며, 정보탐색 능력도 뒤떨어진다. 하지만 노년기에는 소량의 정보를 가지고 어떤 일을 결정하게 되지만 젊은이들이 내린 결정과 유사한 결과를 가져오기도 한다(송선희 외, 2013).

6) 노년기 창의성

어떤 관점이나 사건이나 물리적 현상에서 의미 있는 차이점 또는 유사점을 포착하여 새로운 패턴을 이해하고 만들어 내는 것을 창의성이라고 한다. 창의성(creativity)이란 신기하고 색다른 방식으로 생각하고 독특한 해결책을 찾아내는 능력으로 지능과는 다른 개념이다. 일반적으로 창의적인 사람들은 상상력과 인지적 융통성, 호기심 그리고 새로운 아이디어에 대한 개방성을 지니고 기꺼이 타인으로부터 조언을 구한다(Cropley, 2000; 장휘숙, 2012 재인용). 즉 새로운 영역에서 기발한 발상을 통하여 새로운 것을 만들어 내는 인간의 능력을 창의성이라 한다.

창의성은 인간의 생활환경에서 찾을 수 있어야 한다. 그것은 위험을 무릅쓰고 도전하는 용기, 전통과 관습에 도전하는 과감성, 실망과 좌절 속에서 새로운 돌파구를 찾는 지혜, 새로운 문화적 산물을 찾아내는 발상, 경직된 사회적 환경에서

호의적이고 개방적인 태도, 혼란과 갈등으로 어렵게 꼬인 문제를 풀어주는 아이디어, 혼탁한 사회적 환경에서 돋보이는 개인의 투명성 등을 말한다.

노인의 창의성이란 문제에 대한 전반적인 인식, 내면에 깔려 있는 일관성 있는 어떤 줄거리에 대한 파악, 새로운 연결이 가능한 발상과 인간의 차원 높은 영성과 관련된 성장을 활성화시키는 능력을 말한다(이호영, 2002).

2. 노인의 감각기능

일반적으로 감각은 시각, 청각, 미각, 후각, 촉각 등 오감을 일컫는다. 이러한 감각기능은 노인의 일상생활 수행능력과 밀접한 관련을 가진다. 일상생활 수행능력(Activities of Daily Living, ADL)은 기본적으로 수행해야 하는 동작으로 옷 입기, 식사하기, 움직이기, 화장실 사용하기, 목욕하기 등 기본적인 기능을 의미한다.

노화가 진행됨에 따라 감각기관의 둔화 및 활동량의 감소와 같은 오감기능의 변화가 나타난다. 시각, 청각, 미각, 촉각, 후각 기능의 감퇴는 조심성의 증가와 같은 노년기의 심리적 특성에 영향을 미치며 사회적 고립의 원인이 되기도 한다.

1) 오감

(1) 시각

노화가 진행되면서 시력이 저하된다. 노년기 시력의 감퇴 현상은 가까운 물체에 초점을 잘 맞추지 못하는 노안 또는 원시안으로 나타나며, 당뇨병 등으로 인해 백내장이 생기기도 한다. 65세 이상 노인 중에는 일상생활에 지장이 있을 정도로 심한 시각장애가 일어나며 황화현상(단파장의 보라, 남색, 파란색보다는 장파장의 노랑, 주황, 빨강색 계에서 색채를 더 잘 식별함)으로 노란색 안경을 쓰고 주위의 물체를 보는 것과 같은 현상이 나타나기도 한다.

고령화 사회에 진입하면서 노인성 안질환인 황반변성이 크게 늘고 있다. 황반변성은 녹내장, 당뇨망막증과 함께 실명을 가져오게 하는 3대 원인으로 알려져 있다. 실제로 서양에서는 성인의 실명 원인 1위인 황반변성의 위험성에 대해 충분히 알고 있지만 우리나라는 그렇지 않다.

(2) 청각

시각과 마찬가지로 40세경 이후 청력 손상이 나타나기 시작해서 60세 이후에 크게 손상된다. 청력 감소는 65세에서 75세 사이의 노인 열 명 중 세 명 정도가, 75~79세 사이 노인들 두 명 중 한 명이 심각한 청각장애가 온다. 모든 연령에서 남성들은 여성들보다 고주파수의 음을 잘 듣지 못하며, 청각의 변화는 여성보다 남성에게 더 영향을 미친다. 남성에게 감퇴 현상이 더 많이 나타나는 이유는 직장생활로 소음 공해에 노출되는 비율이 높기 때문이다. 청력 저하는 고막의 탄력성이 줄어드는 데에 그 원인이 있다. 남성보다 여성의 소리를, 베이스보다 소프라노를, 저음 전용 스피커보다 고음용 확성기 소리를 잘 듣지 못하는데 이것을 '노인성 난청'이라고 부른다.

노인성 난청은 달팽이관의 청각 세포와 세포막의 손상으로 인해 발생한다. 노인성 난청의 원인으로는 동맥경화, 영양장애, 청신경에 자극을 주는 소음 지역에 오래 사는 것, 불충분한 일광 등이 있다. 노년기의 또 다른 청각 문제는 일명 귀울림이라고도 하는 이명 현상이다. 청력 손상은 말을 잘 이해하지 못하는 주요 원인이 되며 특히 빠르게 하는 말을 잘 알아듣지 못한다. 그로 인하여 사회적 고립, 우울증, 정서장애가 일어나므로 신체발달이 정서발달에 어떻게 영향을 미치는가를 알 수 있다.

(3) 미각

노화에 따라 미각과 후각도 상실된다고 하지만 그에 대한 증거는 아직 없다. 후각과 미각은 50세 이후 감퇴를 시작하여, 단맛과 짠맛보다 쓴맛과 신맛에 대한 감각이 더 오래 유지된다. 80세부터는 혀의 표면에 있는 맛봉오리 수의 감소로 기본적인 미각의 구별 능력이 감소한다.

(4) 후각

노인 중 80% 이상이 냄새를 맡는 민감성에 주된 손상을 보인다. 이것은 냄새를 구분하는 후각이 감퇴한 경우로, 콧속의 후각 돌기가 감소하면서 후각 상피세포의 퇴행성 변화와 중추신경 경로의 노화 때문에 발생한다. 많은 후각 장애의 노인들이 치매에 대하여 적신호를 보이는데, 그 원인은 확실하지 않으나 뇌의 노화 현상으로 후각의 감각기능이 쇠퇴하는 것으로 추정할 수 있다.

(5) 촉각

45세 이후에는 신체접촉의 민감성이 현저히 둔화하기 시작하는데, 노년기에는 열 수용기의 둔화로 체온조절의 능력이 현저히 떨어진다. 촉각에 대한 변화에는 신체적 감각 외에 인지, 정서적 요소가 적용되어 연령의 증가에 따른 촉각적 민감성의 감소는 전반적인 신체기능의 변화와 관련이 있다.

2) 감각기능과 반응 시간

행동둔화라고 불리는 반응 속도의 감소는 운동 반응, 반응 시간, 문제해결, 기억 및 정보처리 과정에서 나타난다. 반응 시간은 중추신경계가 정보를 처리하는 속도 변화를 반영하는 것으로 연령이 증가하면서 느려지게 된다. 단순한 과제에서는 반응 속도가 20% 감소, 복잡한 과제에서는 50%가 감소한다.

연령이 증가하면서 반응 시간이 느려지는 이유는 일반적으로 늙어갈수록 행동이 더욱 조심스러워져서 속도보다 정확성을 중요시하기 때문일 수도 있고, 회복 불능의 신경의 노화, 뇌로 가는 혈액 흐름의 감소, 정보처리 과정의 비효율성 등 복합적인 상호작용 때문일 수도 있다. 이러한 현상을 방지하기 위해서는 꾸준한 운동과 고른 영양분 섭취가 중요하다.

3) 수면의 변화

인간의 평균수면 시간은 약 7시간으로 개인차가 있으나 성인은 비교적 일정한 편이다. 노년기에는 신체적 활동이 줄어들기 때문에 수면 양상이 흐트러지는 편이다. 노인의 불면은 감정 불안, 근심 걱정, 가족 간의 갈등, 죽음에 대한 공포, 우울증, 정신분열증, 신경증 증상을 유발한다. 노인들이 어려움을 호소하는 증상 중 하나가 숙면하지 못하는 것이다.

수면은 눈동자의 빠른 움직임을 나타내는 렘(REM)수면과 비렘(NREM)수면으로 나뉜다.

렘수면은 꿈을 꾸면서 자는 수면을 말한다. 눈동자의 빠른 움직임과 동시에 몸을 움직이며 빠르고 불규칙한 호흡이나 맥박이 나타나고 소리를 내거나 꿈을 꾸는 상태이다. 이 렘수면기에 기억이 저장된다고 신경과학자들은 주장한다.

비렘수면은 호흡이나 맥박이 규칙적이고 움직임도 줄어드는 상태이다. 비렘수면은 다시 수면의 깊이에 따라 얕은 잠인 1단계부터 깊은 잠인 4단계로 분류된다. 수면은 1~2단계에서부터 3~4단계를 거쳐 렘수면으로 바뀌게 된다. 이 과정이 하룻밤 사이에 3~5회 반복된다.

수면을 다섯 단계로 나누면 첫 4단계가 비렘수면 상태이고, 마지막 다섯 번째 단계가 렘수면 상태이다.

노인들의 수면실험 결과 노인들은 3, 4, 5단계의 수면시간이 감소하고 얕은 잠을 자는 것으로 나타났다. 1, 2, 3, 4단계와 5단계(렘수면) 사이의 주기가 짧고 이 동안에 잠에서 쉽게 깨는 것으로 나타나 약 20~40%의 노인들이 수면장애를 경험한다고 볼 수 있다. 수면장애는 낮에 신체활동을 많이 하고, 카페인 섭취를 줄이고, 수면제 사용을 피하고, 낮잠을 줄이는 등 수면 환경 개선으로 완화될 수 있다.

제4장

노인의 자아존중감 이해

1. 자아존중감의 정의 및 특성

1) 자아존중감의 정의

자아존중감(自我尊重感, self-esteem)이란 용어의 사전적 의미는 '자기 자신이 사랑받을 만한 가치가 있는 소중한 존재이며 어떤 성과를 이루어낼 만한 유능한 사람이라고 믿는 마음'을 말한다.

자아존중감은 윌리엄 제임스(William James, 1892)가 '자아의 의식체계'라는 용어를 처음 사용하면서 발전한 것으로, 자기 자신에 대한 가치를 자아존중감이라 정의하였다. 로젠버그(Rosenberg, 1965)는 자아존중감이란 자신을 존중하고 옳게 여기며 자신의 존재를 가치 있게 여기는 것이라 했다. 이러한 자아존중감은 자신에 대한 가치와 중요성을 스스로 느끼는 것으로서 정서적 자기평가개념이라 할 수 있다. 이것은 현재의 자신을 객관적으로 인지하는 개념으로서 자기 정체성, 즉 '자아개념'과는 구별되고 어떤 과제에 대한 수행능력, 그리고 수행능력을 평가하는 과정에서 동기적인 의미를 지닌 '자기효능감'과도 구별된다. 또 자아존중감은 긍정적이든 부정적이든 간에 가치에 대한 전반적인 평가와도 관련된다. 따라서 자아존중감은 자아 형성의 성숙도와도 관련된다. 그 이유는 어떤 부정적인 상황에 처하더라도 안정을 유지할 수 있는 자아에 의해 유지되는 개인적인 능력에 속하기 때문이다.

자아존중감은 자신의 존재에 대한 긍정적 또는 부정적 견해인데, 자아개념이 자아에 대한 인지적 측면이라면, 자아존중감은 정서적 측면이다. 즉, 자신의 존재에 대해 인지적으로 형성된 것이 자아개념이고, 자기 존재에 대한 느낌은 자아존중감이다(Simmons & Blyth, 1987).

자아존중감의 욕구는 기술을 습득하고, 맡은 일을 훌륭하게 해내며, 작은 성취나 칭찬 및 성공을 통해서 그리고 다른 사람들로부터 긍정적인 평가를 들음으로써 충족된다.

자아존중감에는 다른 사람이 자기를 존중해 주기 때문에 갖게 되는 자아존중감과 스스로 자기를 높게 생각하는 자아존중감이 있다. 다른 사람이 존중해 주기 때문에 갖게 되는 자아존중감은 명성, 존중, 지위, 평판, 위신, 사회적인 성과 등에 기초를 두는데, 이것은 쉽게 사라질 수도 있다. 반면, 스스로 자기를 높게 생각하는 자아존중감을 지닌 사람은 내적으로 자신이 가치 있는 사람이라고 생각하므로 자신에 대해 안정감과 자신감이 생긴다. 자아존중감의 욕구를 충족시키지 못하게 되면 열등감, 좌절감, 무력감, 자기비하 등의 부정적인 자기지각을 초래하게 된다(정옥분, 2012).

매슬로우(Abraham Harold Maslow)는 모든 인간은 자기존중과 존중감, 그리고 다른 사람들로부터의 긍정적이고 안정적 평가를 원한다고 보았다. 이러한 평가는 노인 스스로 적절하다는 느낌, 성취감 능력에 대한 느낌, 지배에 대한 느낌을 유도하게 한다. 이처럼 노인들에게 자신이 무슨 일인가에 공헌할 수 있다는 메시지를 줄 필요가 있다(오경옥 외, 1991).

2) 자아존중감의 개인 내적·외적 요인

자아존중감의 개인 내적요인은 성별, 연령, 신체 및 외모, 기질, 성격, 지능 등 다양하게 구분할 수 있다. 자아존중감과 관련된 개인 외적요인은 가정요인과 지역사회요인으로 나눌 수 있다.

개인의 가정환경에서의 가족 지지는 내적·외적 긴장을 해소하고 안정감을 주며, 정신적 및 신체적인 어려움의 상황에서 도움을 줄 수 있다. 가정환경요인 중 배우자와의 관계는 자아존중감에 중요하다.

지역사회 환경요인은 이웃과 또래 관계 등을 들 수 있다. 자아존중감의 하위요인인 소속감, 유능감, 가치감은 중요한 요소가 된다.

소속감은 개인의 모든 삶은 사회적 관계 속에서 이루어진다는 것으로 개인이 집단의 부분이 되거나 혹은 집단의 다른 구성원에 수용되며 가치를 인정받는 것을 의미한다.

유능감은 인간이 설정한 목표를 얼마나 효율적으로 성취하는가에 따라 자신을 평가하는 것을 말하며, 그 과정에서의 효율적 성취감을 통해 평가함으로써 능력을 객관적으로 관찰할 수 있다. 이에 따라 주변에서 일어나는 많은 행동과 능력이 관계로 이루어져 느낌이나 자각에 따라 자아존중감의 핵심 요인이 된다.

가치감은 자아존중감의 형성을 위해 개인이 중요한 타인의 관심을 나타내는 행동으로 지각하는 것이다(곽아람 · 허만세 · 이신영, 2015)

자아존중감의 구성 요소는 가치감, 유능감, 소속감이다. 이 세 가지 중 어느 한 요소가 부족하게 되면 자아존중감을 상실하게 된다(김태희, 2007).

① 가치감: 한 개인의 가치는 타인이 그 개인에게 또는 그 개인을 위해서 무엇을 하느냐로 표현된다. 이러한 가치감을 알아보는 하나의 방법은 상대방이 베푼 사랑이다. 관심을 행동으로 나타내는 일은 소외된다는 생각의 노인들에게 특히 중요하다. 의미 있는 타인이 관심을 나타내는 행동을 개개인이 지각하는 것이 가치감의 형성을 위해서 중요하다.

② 유능감: 자신이 설정한 목표를 얼마나 효율적으로 성취하는가에 따라 유능감을 평가한다. 자아존중감에 영향을 미치는 것은 자신의 능력 즉, 유능감에 대한 개인의 지각이다. 자신의 능력이 충분히 있음에도 낮은 자존감 때문에 괴로워하는 경우가 있다. 주변에서 일어나는 행동들은 유능감과 관련이 깊으므로 그 능력에 대한 느낌과 자아지각은 자아존중의 중요한 요소가 된다.

③ 소속감: 개인의 삶은 사회적 관계 속에서 이루어지며 어디에 소속되기를 원한다. 자아존중감에서의 소속감은 한 개인이 한 집단의 부분이 되고, 집단의 다른 구성원에 의해서 수용되며, 가치로 인정받는 것을 의미한다.

2. 노인의 자아존중감과 생활만족도

1) 노인의 자아존중감과 생활만족도 관련성

노인의 생활만족도는 자아존중감과 밀접한 관련이 있다. 평소 삶과 생활환경에 대해 만족감이 높을수록 자신의 능력과 존재감도 높이 평가하게 될 것이며, 스스로 소중한 존재라고 느낄 것이다. 특히 성공적인 노후 생활이 되기 위해서는 노인의 자아존중감을 확인하는 일은 무엇보다 중요하다.

노년기는 인생발달의 단계에 있어서 그 어느 단계보다 역할상실이 많은 시기이다. 노년기는 신체와 정서 기능의 저하, 경제력 및 사회 활동의 감소, 역할 기회의 감소, 타인으로부터 받는 수용 및 관심의 감소, 애정의 감소 등으로 자아존중감이 저하될 수 있다.

노인에게 있어서 자아존중감 저하는 생활만족도를 떨어뜨릴 뿐 아니라 우울감을 증대시켜 자살의 위험성까지 초래할 수 있으므로 노년기의 자아존중감은 매우 중요한 삶의 요소이다. 노인은 자아존중감이 높아지면 환경에 대한 조절 능력뿐만 아니라 환경에 대한 통제력도 높아져서 긍정적인 자아를 가지게 된다.

노인의 자아존중감이 증진되면 자신이 겪어온 과거를 후회 없이 수용함은 물론 현재 생활에 만족하고, 과거와 현재, 미래를 조화시키는 능력을 발휘하게 된다. 그러므로 노인의 신체적, 정신적 노화를 늦추고, 노인에 대한 부정적인 고정관념을 변화시킴으로써 노인의 자아존중감을 증진시킬 수 있는 다양한 시도가 필요하다.

종합해 보면, 자아존중감은 타인이 아닌 자신을 대상으로 스스로에 대한 가치판단을 하여 자신의 능력과 존재감, 가치감을 높이 가지는 마음이라고 본다. 무엇보다 노인의 자아존중감은 노인의 정신건강과 심리적 안정을 쌓는 데 매우 중요한 요인이며, 성공적인 노화와 만족할 수 있는 생애를 마치는 데 필수적인 정서이다. 따라서 노인종합복지관에서 실시하고 있는 다양한 노인프로그램의 적극적인 참여는 노년기의 역할상실로 인한 고독감을 해소하고 나아가 자아존중과 자아실현의 기회로 만들 수 있다.

2) 노년기 자아존중감의 영향 요인

노년기의 자아존중감은 건강 상태, 삶의 질, 생활만족도, 배우자의 사망, 자녀와의 관계, 우울감, 사회적 상호작용 등 다양한 외부 환경에 의해 많은 영향을 받는다. 건강 상태, 삶의 질, 생활만족도가 높을수록 자아존중감은 높아지고, 우울감이 높을수록 자아존중감은 낮아진다.

노인의 자아존중감은 노화와 관련된 생리적, 심리적 변화와 사회적 상호작용, 노인에 대한 부정적 태도로 인해 저하되는 경향이 있다. 의존, 허약, 질병, 빈곤 등 일반적으로 노인들에 대한 사회의 부정적 인식과 노화로 인해 나타나는 여러 가지 스트레스를 받는 사건에 의해 노인들 스스로가 자신의 가치를 하락시켜 자아존중감이 낮아진다. 자아존중감이 높은 노인들은 실제 나이보다 더 젊게 느끼며 삶에 만족하고, 곤혹스러운 생의 사건에 대해 적극적으로 대처하며, 열악한 외적 조건에 좌절하지 않고 긍정적인 요소를 찾고자 한다. 하지만 자아존중감이 낮은 노인들은 외로움을 더 많이 타며 외적 결핍에 더 많은 상처를 받는다(김태현 외, 2004).

노인의 자아존중감은 자신이 지나온 인생을 후회 없이 수용하고 현실 생활에 만족하며, 과거와 현재 그리고 미래 사이의 조화된 견해를 가진다. 궁극적으로는 앞으로 다가올 죽음을 인정하고 기다릴 줄 알며 자아존중감이 높을 때 심리적 손상도 적어진다(오미나 외, 2005).

이 밖에 노인의 일자리 참여는 건강도 좋아지고 가족과 사회와의 관계도 좋아지며, 자아존중감 향상에 도움이 된다(이남형, 2009). 이를테면 자원봉사에 참여하는 노인이 자아존중감이 높고 스스로 찾아서 자원봉사를 한 경우에 자아존중감이 더 높아진다(김년옥, 2002). 이처럼 자아존중감은 다양한 사회적 경험과 상호작용으로 높일 수 있으므로 사회적으로 노인들의 자아존중감 함양에 효율적으로 기능하도록 도와야 한다.

3) 삶의 만족도

노년기의 심리적 복지 정도를 측정하는 주요한 요소인 삶의 만족도는 노인의 개인 삶과 생활 전반에 대해 얼마나 행복과 만족을 느끼는가는 주관적이며 복합인 감정과 관련되므로 단정적으로 평가하기 어렵다.

삶의 만족도는 삶의 질과 같은 개념으로 혼용되고 있다. 이는 삶이라는 개념과 생활이라는 개념 자체를 구분하여 설명하기 어렵기 때문이다. 인간의 삶 자체가 복합적이고 생물학적, 의학적 삶일 뿐만 아니라 사회적, 환경적, 정신적 삶 등 매우 다양하기 때문이다. 따라서 삶의 만족이란 삶 전체에 대한 행복과 만족의 주관적 감정이므로 일종의 태도로서 심리적 요인과 환경적 요인에 영향을 받고 있다. 그러므로 삶의 만족도는 개인 정신건강을 결정짓는 중요한 요소이고 개인의 기대수준이 합리적으로 충족되었는가에 대한 평가가 된다.

삶의 만족이란 매일 생활 속에서 행하는 활동에 기쁨을 느끼고, 자신 생활에 대해서도 의미와 책임감을 느끼며, 긍정적인 자아상을 갖게 되고, 자신을 가치가 있다고 여기는 낙천적인 태도와 감정을 유지하는 것이다. 삶의 만족이 주관적으로 느끼고 있는 개인의 삶에 대한 긍정적인 평가라면 노인의 삶의 만족은 노인이 지각하는 자신의 과거, 현재, 미래 등에 관한 전반적인 삶에 대한 주관적인 평가를 말한다(정인숙, 2000).

삶의 만족은 긍정적 측면과 부정적 측면을 모두 포함한다. 긍정적으로는 생활 만족도는 한 개인이 갖는 기대와 실제로 받은 보상 사이의 일치로 볼 수 있고, 부정적으로는 주관적인 경험에 대한 만족과 불만족 혹은 행복과 불행, 즐거움과 즐겁지 않음의 현상이다(Burr, et al., 1979).

종합해 보면 삶의 만족도는 주관적 경험을 기초로 개인의 경험, 즉 성장 배경,

사회문화적 배경, 건강, 안락함, 경제적 요인과 같은 객관적 경험이 간접적 영향을 줄 수 있으나 필요조건은 아니다. 객관적 경험 없이도 주관적 욕구와 욕망을 충족시켰을 때 만족감을 느낄 수 있다. 삶의 만족은 현재의 활동에 대한 인지적 및 정서적 만족감이다.

삶의 만족 요인은 개인이 살아가면서 느끼는 일상적 경험에 대한 정서 반응으로 시대와 문화, 그리고 환경에 따라 달라질 수 있다.

삶의 만족에 대한 요인이나 평가의 기준은 보편적 가치에 의한 것이라기보다는 개인의 삶에서 평소에 경험하는 대부분의 순간에 긍정적, 부정적 정서 반응에 따라 반영된다. 사건 지속시간 및 발생 빈도에 따라 중요하게 작용하기 때문에 긍정적 정서에 해당하는 즐거움, 행복감, 만족감, 기쁨 등을 자주 경험하고, 부정적 정서인 두려움, 분노, 불안, 슬픔, 수치심, 놀람 등을 드물게 경험하도록 노력한다면, 삶의 만족도 수준은 높아지게 된다.

개인이 경험하는 사건이 부정적 정서보다 긍정적 정서가 상대적으로 더 우세할 때 행복한 상태에 놓이게 되며 욕구와 기대 수준에 맞는 삶의 만족도를 유지할 수 있다. 자신의 삶을 판단할 때 전적으로 정서에만 의존하는 것은 아니며, 인지적인 판단도 하게 되므로 삶의 만족도는 절대적이기보다 상대적이다. 즉 자기 삶의 과거와 현재 삶의 질에 대한 개인적이고 주관적 평가로, 사회적 지위나 재산, 성공뿐만 아니라 정신적 측면에서 인생 목표나 욕구의 달성을 평가하는 주관적 과정의 결과이다.

4) 삶의 만족도에 영향을 미치는 요인

삶의 만족도에 영향을 미치는 요인은 내적 요인과 외적 요인으로 구분할 수 있다. 내적 요인은 자아존중감, 자아효능감, 낙관성 및 자긍심과 개인적 성장감, 인지, 감성, 태도, 가치, 사고 등이 있으며, 삶의 만족도에 영향을 준다.

내적 요인은 정신적 건강 및 심리적 요인으로 삶의 만족도를 '개인적이고 주관적으로 느끼는 감정 상태'이며 정신의 내면과 개인의 세계를 가리킨다(최현석 · 하정철, 2012).

외적 요인은 성별, 연령, 학력, 지역, 배우자 유무, 종교, 건강, 소득이나 자산, 사회경제적 지위 및 사회적 관계 등이 있다. 노년기에는 경제적 안정 및 보장은 의식주를 충족시켜 줄 뿐 아니라 건강 유지와 여가활동을 증가시킨다. 노인의 지위와 자존감 유지 등 노년기의 삶을 성공적으로 살아가는 데 영향력을 미치는 객관적 측면이 있다(심점숙, 2016).

외적 요인의 기준이나 조건에 의해 성립되는 행복한 생활은 주관적 심리상태가 아니라 바람직한 속성 및 환경적 조건을 소유한 삶의 측면에서 소득, 교육 수준, 여가시간, 건강 상태 등의 사회적, 경제적 지표에 의해 삶의 질을 평가하고 비교한다(리해근, 2012). 성공적 노화, 경제적 특성 및 건강 특성, 주거환경, 라이프스타일, 사회 활동 참여, 영성, 소득수준, 자원봉사활동, 일자리사업, 여가활동 등도 반영할 수 있다(조영주, 2015).

삶의 만족이 나이가 들어가는 과정에서도 크게 작용한다. 개인의 통시적 삶의 측면과 과거와 미래의 삶에 대한 측면과 동시에 공시적 차원에서 현재의 활동영역에 대한 만족감에 따라 변하게 마련이다. 노년기의 삶의 질은 생애 과정의 경험과 소득 건강 정도에 크게 영향을 받는다.

3. 노인미술활동과 자아존중감과의 관련성

노년기의 행복한 삶을 돕기 위해서는 다양한 노인미술활동이 필요하다. 많은 연구자가 노인들의 자아존중감을 함양할 수 있는 연구를 꾸준히 하는 것은 그만큼 노인미술활동이 노인들에게 필요하기 때문이다.

노인미술활동은 노인의 사회적, 심리적, 신체적 노화 현상을 미리 방지하며 자아존중감을 높일 수 있다. 또 노인미술활동은 사회에서 발생할 수 있는 노인 문제의 예방 차원에서 필요하다.

노인미술활동과 자아존중감과의 관련성을 살펴보면 다음과 같다.

첫째, 신체적 건강 측면에서 다양한 미술교육활동은 창조적인 에너지를 발산하여 신체적 기능을 원활히 하고 사회적 적응력을 높일 수 있다. 특히 미술활동은 주로 색이나 형태를 중심으로 하는 정서적인 영역은 물론 운동이나 신체의 기능 등을 고려하는 통합적 개념의 신체를 통하여 스스로 조형활동을 함으로써 자아존중감을 높일 수 있다.

둘째, 정신건강적 측면에서 노인미술활동은 휴식과 재충전, 그리고 사회 속에서 자기 주체성을 확립하여 생의 의미와 희망을 찾을 수 있도록 도와주며 노인의 건강증진과 정서적 행복, 창조적 의욕을 일깨워 준다.

셋째, 기능적 측면에서 노인미술활동은 은유적, 상징적, 정서적 측면에서 자아존중감에 큰 도움을 준다. 먼저 미술의 은유적 측면은 자신의 감정이나 생각을 직접적으로 드러내야 한다는 생각을 감소시켜 주기 때문에 집단에 적응하는 데 도움이 된다. 상징적 측면은 자기표현의 기회가 없었던 노인들에게 자신의 생각을 잘 표현할 수 있도록 도와준다. 이러한 미술의 은유적, 상징적 특성은 노인들로 하여금 사회활동에 대한 거부감을 가지지 않고 집단에 참여하도록 도와준다. 정서적 측면은 집단에 적응한 구성원들이 미술활동을 통해 발산과정을 거쳐 자기의 내면세계를 표출하게 된다. 이러한 과정은 서로에 대한 이해와 공감, 나아가 집단 역동성을 불러일으키는 데 도움이 된다.

넷째, 통합적 미술활동을 통해서 마음과 신체가 서로 통합적으로 관련을 맺을 수 있고 노인의 심리적 안정과 신체적 기능 촉진 등에 긍정적인 영향을 미친다.

노인에게 있어 미술활동은 변화하는 현실 생활에 효율적으로 적응하도록 함으로써 자아존중감을 지키면서 노년을 보다 건강하고 행복하게 살아갈 수 있도록 하는 든든한 조력자가 될 것이다.

모자라는 부분을 채워가는 것이 행복이다

제5장

노년기 사회참여로서 시니어아트 콘텐츠

1. 시니어아트의 개념

시니어(senior)의 사전적 의미는 연장자, 고위의, 상급자, 손윗사람을 뜻하며 생활연령별 세분화로서는 보통 40~50세가 넘은 어르신을 말한다. 시니어는 현대에서 생각하는 고령자와는 조금 다른 개념으로 고령자뿐만 아니라 이 시기를 준비하는 세대까지 포함하는 포괄적인 개념이다. 일반적으로 액티브시니어는 50~64세의 베이비붐 세대를 말하지만 말 그대로 활동적이면서 적극적으로 인생을 살아가는 65세 이상도 해당한다.

이러한 의미에서 요즈음 노인들은 노인이라는 말보다 시니어로 불리길 좋아한다. 그리고 창조적인 생활로 나이 들기를 원한다. 노인들에게 "'노인'과 '시니어'의 용어 중 어떤 용어로 사용하는 것이 좋은가요?"라고 질문을 하면 대부분 '시니어' 용어 사용을 원한다.

노인이란 말은 그야말로 '아무 쓸모 없는 늙은이'라는 인식으로 여겨지기 때문에, 아직 일할 능력이 있는 노인들은 새로운 용어로 기존의 인식을 바꾸고 싶어 함을 알 수 있다. 그래서 노인의 사회참여 활동을 위한 미술활동도 '시니어아트'라는 용어를 사용하는 것이 노인의 만족감을 위해 좋다.

2. 시니어아트 콘텐츠 개발의 필요성

1) 사회 참여에 대한 욕구 변화

노인들의 사회참여를 위한 미술활동으로서 시니어아트 콘텐츠 개발을 위한 실행계획을 위해 먼저 노인의 사회 참여 활동에 대한 욕구 변화를 살펴보면 다음과 같다.

〈표 3〉 노인의 사회 참여 활동에 대한 욕구 변화

구분	관심분야	사회 참여의 심리	경제적 욕구	지원정책
50대	진로 탐색, 소득창출(취업, 창업)	· 아무 일을 안 해도 되나? · 무슨 일이라도 할까?	생활비, 자녀교육비(일부)	고용
60대	일자리창출, 취미활동, 평생교육	· 아직 능력이 아깝다. · 무슨 일이든 할 수 있다.	활동비, 생활비	인적인프라구축, 인적자원개발
70대 이상	건강관리, 여가, 봉사, 친교활동	· 복지관이 편리하다. · 경로당은 80 이상 되어야…	용돈, 의료비, 활동비(일부)	자원봉사, 장수문화장려

출처: 심영옥(2018).

현대사회에는 건강한 시기의 은퇴와 수명 연장 등으로 다양한 연령 계층별 욕구도 다양해지고 있다. 은퇴 후에도 과거와 다르게 제2의 인생 계획을 세워야 한다는 욕구 변화로 인해 건강한 노년기의 경제활동 욕구와 사회참여 욕구가 많이 증가하고 있다. 노년기의 삶에 대한 욕구가 다르기 때문에 연령별 차별화 정책이 필요하다.

이와 같은 노년층의 연령별 차별화 정책의 필요성을 근거로 노인들이 원하는 관심 분야와 경제적 욕구를 어느 정도 만족시킬 수 있는 시니어아트 콘텐츠 개발의 의미에 대한 반응도 살펴보았다.

〈표 4〉 시니어아트 콘텐츠 개발에 대한 관심(N=60)

번호	질문	내용	긍정적 반응
1	시니어아트의 이해	알고 있다. (다만 용어가 생소함)	45명
2	노인미술활동 경험 유무	경험이 있다.	37명
3	노인미술활동의 가치	흥미는 있으나 배운 것을 활용할 수 있으면 좋겠다.	37명
4	시니어아트 콘텐츠 개발 필요성	매우 필요하다.	52명
5	시니어아트 콘텐츠 모형	다양해야 한다.	48명
7	시니어아트 콘텐츠 활용 여부	활용할 의향이 있다.	42명

출처: 심영옥(2018).

〈표 4〉에서 보는 바와 같이 '시니어아트 콘텐츠 개발이 필요하다'는 의견이 52명(86.7%)이고 '시니어아트 콘텐츠를 활용할 의향이 있다'라는 의견은 50명(83.3%) 정도로 시니어아트에 대한 관심이 매우 높음을 알 수 있다. 이런 반응을 토대로 이들이 희망하는 콘텐츠를 알 필요가 있어서 다음과 같은 내용을 검토하였다.

〈표 5〉 시니어아트에서 희망하는 콘텐츠(N=60)

질문	내용	응답자수 (명)	비율 (%)
시니어아트의 희망 콘텐츠 (2가지 선택 복수응답-N=120)	일자리창출과 연계되는 콘텐츠	32	53.3
	평생교육으로서 취미활동	25	41.7
	인문학적 소양 향상	16	26.7
	지역사회 봉사활동	26	43.3
	교육관련 진로교육사	21	35.0
희망하는 콘텐츠 개발 시 참여 여부	참여할 의향이 있다. (단, 건강이 허락하면)	51	85.0
희망하는 시니어아트 콘텐츠 개발 시 유의사항	분명한 활용 방법 마련(인프라 구축)	56	93.3
	경제적 문제 고려	58	96.7
	교통 문제 고려	40	66.7
	정부 및 기관의 지원정책 마련	56	93.3
	지속 가능성 문제 해소	57	95.0

출처: 심영옥(2018).

〈표 5〉를 보면 노인들이 가장 많이 희망하는 콘텐츠는 32명(53.3%)으로 과반수 이상이 '일자리 창출과 연계되는 콘텐츠'를 원하고 있다. 이런 통계는 당연히 건강에 문제가 없을 경우가 전제된다. 이 결과를 보면 현대의 50대 후반과 60대의 노인들은 예전의 노인에 대한 인식을 완전히 바꾸게 한다. 요컨대 노인의 사회 활동으로 여가 활동을 꼽는 사고도 바뀌어야 하는 시점이라고 생각된다.

〈표 6〉 성인을 위한 교육 프로그램 사례

(2018년 기준)

기관	내용(성인교육)	기간
국립중앙박물관	• 박물관역사문화교실(성인 · 전문인력)	2018. 04. 26.~2018. 12. 12.
국립현대미술관	• 인문학교육: 〈동시대문화예술강좌〉, 〈근현대미술사 아카데미〉, 〈예술만담〉 등 미술문화 확산을 위한 프로그램 • 전시해설 자원봉사 활동을 위한 도슨트 양성프로그램(기초 및 심화 과정)	연중
국립민속박물관	• 성인프로그램 없음	없음
국립경주박물관	• 우리그림교실	매주 토요일/10:00~16:00
국립대구박물관	• 성인프로그램 없음	없음
국립제주박물관	• 60 플러스 인생학교	2018. 09. 05.~2018. 11. 28.
	• 제주, 인문학을 만나다	2018. 04. 26.~2018. 10. 18.
국립김해박물관	• 문화가 있는 날, 큐레이터와의 대화(1월)	2018. 1. 31. (수) 16:00~17:00
	• 문화가 있는 날, 큐레이터와의 대화(3월)	2018. 3. 28.(수) 16:00~17:00
국립부여박물관	• 없음	없음
국립공주박물관	• 큐레이터와의 대화_동아시아의 주먹도끼와 석장리	2018. 02. 03.~2018. 02. 03.
	• 2007 타임캡슐을 열어~	2018. 02. 17.~2018. 02. 17.
	• 큐레이터와의 대화_고려시대 고분군출토품	2018. 03. 03.~2018. 03. 03.
	• 큐레이터와의 대화_간석기의 발달과 청동기시대	2018. 03. 31.~2018. 03. 31.
	• 박물관에서 만나는 인문학 참가자 모집	2018. 04. 25.~.2018. 10. 31.
	• 큐레이터와의 대화_천불을 새긴 불비상	2018. 04. 28.~.2018. 04. 28.
	• 박물관에서 만나는 인문학	2018. 04. 25.~2018. 04. 25.
국립나주박물관	• 2018 마한문화아카데미 봄 강좌(일반인)	2018. 03. 26.~2018. 05. 17.
국립광주박물관	• "박물관 공방 – 테라코타" 교육생 모집공고	2018. 05. 03.~2018. 07. 19.
국립전주박물관	• 제2회 한국화 교실	2018. 03. 09. ~2018. 11. 02.
	• 『2018 국립전주박물관 인문학 강좌』 2회차 강연	2018. 04. 19.~2018. 04. 19.
국립춘천박물관	• 박물관문화대학	2018. 05. 24.~2018. 10. 25
	• 전시실에서 만나는 인문학	2018. 04. 23.~2018. 09. 10.

출처: 심영옥(2018).

〈표 6〉은 우리나라의 유물과 유산을 대표하는 국립박물관을 중심으로 성인교육프로그램을 살펴본 것이다. 현재 국립으로 운영되는 현대미술관과 민속박물관을 제외하고는 각 지역별로 국립박물관이 설치되어 있는데, 모든 박물관은 대상을 '성인' 또는 '일반인'이란 용어를 사용하고 있어, 일부 전문가인 노인층을 제외하고는 노인들이 합류하기에는 다소 어색해하거나 부담을 가질 수 있다고 본다. 국립박물관이나 국립현대미술관에서 '어린이미술관' 또는 '어린이박물관'을 두듯이, '노인미술관' 또는 '시니어박물관' 등 독자적인 시설을 제공하는 것도 고려해 볼 필요가 있다.

국립중앙박물관(http://www.museum.go.kr)은 성인·전문인력을 양성하기 위한 목적으로 '박물관역사문화교실'을 운영하고 있는데, 이러한 프로그램은 노인들에게도 일자리 창출을 할 수 있는 좋은 계기를 마련하는 것이다.

국립현대미술관(www.mmca.go.kr)은 일반 성인은 물론, 대학생, 직장인, 주부 등 대상별 특성을 고려한 미술관 전시 및 주요 콘텐츠 등 미술문화 확산을 위한 교육프로그램을 운영하고 있다. 그리고 전시해설 자원봉사 활동을 위한 도슨트 양성프로그램(기초 및 심화 과정)도 있다.

국립민속박물관(http://www.nfm.go.kr)의 경우는 전문가, 일반인, 외국인, 장애인, 청소년을 대상으로 하는 교육 프로그램은 있으나, 성인 또는 노인을 대상으로 하는 프로그램은 없다.

국립공주박물관(http://gongju.museum.go.kr)은 성인을 위한 프로그램이 우리나라 국립박물관 중 가장 활발하게 운영되고 있으나, 거의 대부분 인문학 교육을 위한 것이다.

국립나주박물관(http://naju.museum.go.kr)은 성인교육프로그램은 따로 없고, 일반인을 대상으로 한 인문학 강좌가 개설되어 있다.

국립광주박물관은 일반인들이 문화유산에 대한 가치를 직접 배우고 그 지혜를 익힘으로써 우리의 전통문화를 널리 알리는 계기를 마련하고자 일반전문가를 위한 프로그램을 마련하였다고 한다.

국립춘천박물관(http://chuncheon.museum.go.k)은 '박물관문화대학'을 통하여 강원도 내 성인 일반을 대상으로 역사·문화 전문 강좌를 운영함으로써 시민들의 역사와 문화에 대한 관심 및 인문학적 소양을 제고하는 데 목적을 두고, '우리 동네 박물관' 취지와 연계하여 지역 속에 뿌리내리는 근간 사업으로서의 시민 강좌 프로그램을 운영하고 있다. 그리고 '전시실에서 만나는 인문학'에서는 강원도의 대표 학술 기관인 국립강원대학교(사업단)와 강원도 문화유산 및 인문학 활성화의 인프라를 구축하고 있는 국립춘천박물관(박물관)이 협력하여 지역사회의 요구를 선도하는 문화 서비스를 제공하고, 강원 문화유산의 정수인 박물관 전시품을 주제로 사업단의 인문학, 예술 분야 등 우수한 강사진의 협업을 통해 지역민 대상 '경계를 뛰어넘는' 문화 예술 교육 서비스 확대에 목적을 두고 있다. 그리고 이것은 한시적인 목적이 아니라 2017년 공동 운영의 성공적 선례를 따라 지속적인 협업을 확대 운영하고 있으므로 큰 발전이 기대된다.

이상 살펴본 것처럼 우리나라 많은 박물관에서 성인교육 프로그램을 운영하면서 다양한 콘텐츠를 마련하고 있다. 하지만 노인만을 위한 프로그램은 거의 찾아볼 수 없다. 그나마 국립제주박물관에서 운영하는 '60플러스 인생학교'가 유일하다. 그러나 이 또한 어떤 내용으로 프로그램이 진행될 것인지 구체적인 내용은 제시되지 않고 있다.

이러한 측면에서도 다양한 콘텐츠 개발은 시급하다고 보는데, 단순히 여러 가지 내용만 다르게 해서는 안 될 것이며, 의미 있는 콘텐츠가 개발되려면, '무엇을', '어떻게', '왜'의 목적과 당위성, 주제 의식을 가지고 노인들에게 진정성 있는 가치를 제공해야 할 것이다.

2) 시니어의 생활 문화와 인식 변화

우리나라 시니어 문화는 독자적인 특성을 가진다. 이들의 가치관은 주로 효사상, 경로사상, 장유유서 등 유교적 사상을 중시하기 때문에 권위주의적 의식과 수직적 인간관계를 마땅히 받아들이는 경향이 있다.

노인에게 있어서 사회참여에는 여가활동으로서 사회참여와 직업 활동으로서 사회참여가 있다. 그러나 대부분 노인은 직업 활동을 끝낸 노인들을 대상으로 한 여가활동으로서 사회참여를 의미한다.

이러한 근거를 살펴보면, 2010년 문화체육관광부에서 시·군·구민회관, 복지관, 문화예술회관, 박물관 등에서 만난 시니어들의 문화예술교육에 대한 경험과 희망 분야를 설문하였는데, 다음 〈표 7〉과 〈표 8〉에서 보는 바와 같이 단연 미술 분야를 경험했거나 희망하는 사람이 많음을 알 수 있었다.

〈표 7〉 학교 교육 외 문화예술교육 경험

(단위: %)

연령	사례수	문학	미술	서양음악	전통예술	무용	연극	영화	대중가요/연예	역사문화유산	없음
50대	784	1.7	1.7	0.6	1.4	1.4	0.4	0.3	0.7	1.5	92.9
60대 이상	891	0.6	1.8	0.4	1.6	1.4	0.1	0.0	1.7	0.5	93.3

출처: 문화체육관광부·한국문화관광연수원(2010).

위의 〈표 7〉을 보면, 50대의 경우 문학과 미술을 경험한 사람이 1.7%로 가장 높았으며, 60대 이상은 미술이 1.8%로 최고로 높고, 다음으로 전통예술이 1.6%를 차지하고 있다. 50대와 60대 시니어가 경험한 것이 '없음'이 대부분을 차지하는 것이 아쉽지만, 참여자 중에는 단연 미술 참여가 가장 높음을 알 수 있다.

이처럼 학력이나 지역에 상관없이 미술활동에 대한 선호도가 높으므로 이러한 결과를 참조하여 시니어아트를 활성화할 필요가 있다.

〈표 8〉 시니어의 문화예술교육 희망 분야

(단위: %)

연령	사례수	문학	미술	서양음악	전통예술	무용	연극	영화	대중가요/연예	역사문화유산	없음
50대	784	2.0	2.8	1.7	4.6	1.2	1.2	1.1	3.2	2.2	85.0
60대 이상	891	1.2	2.1	0.6	4.4	1.7	0.4	0.6	3.3	0.9	87.0

출처: 문화체육관광부·한국문화관광연수원(2010).

〈표 8〉에서 보는 바와 같이 경험하지 않은 사람들도, 희망 분야 조사에서는 더 많은 수의 노인이 의견을 제시하고 있다. 특히 경험했던 내용보다 희망이 많이 증가한 분야는 전통예술과 대중가요/연예 분야이다. 그중에서 미술 분야는 꾸준히 선호하고 있다. 전통예술도 의식주 등 여러 분야가 속하겠지만 전통예술도 미술 문화와 깊은 관련이 깊으므로 융합할 수 있는 분야가 개척된다면 큰 호응을 가질 수 있을 것이다.

위의 두 표를 종합해 보면 최근 시니어들은 그동안 집에서 후손 양육만 중시 여기는 것이 아니라 자신의 문화예술생활을 위한 삶을 희망하고 있음을 알 수 있다.

또한, 평생교육으로서 시니어 활동의 인식 변화도 있다. 다베(Dave, 1976)는 "평생교육은 개인과 집단구성원 모두의 삶의 질을 향상시키기 위하여 한 사람의 생애를 통한 개인적, 사회적, 직업적 발달을 이루는 과정"이라고 했다. 특히 우리나라와 같은 고령화 사회에서는 노인들이 좀 더 건강하고 활기찬 삶을 이어가기 위해서라도 평생교육에 대한 관심이 높아지고 있는 만큼 시니어 활동도 활성화되어야 할 것이다.

3) 사회 질서를 위한 창의적 사회 참여

노인에게 있어서 사회참여에는 여가활동으로서 사회참여와 직업 활동으로서 사회참여가 있다. 그러나 대부분 노인은 직업 활동을 끝낸 노인들을 대상으로 하므로 여가활동으로서 사회참여를 의미한다. 여가에도 두 가지로 의미를 부여할 수 있는데, 하나는 내일의 생활을 재창조하기 위한 에너지를 충전하는 창조적인 여가(recreation)이며, 다른 하나는 즐거운 시간을 가지는 오락(leisure)을 의미한다.

현대사회에서 노인 스스로 요구하는 것은 당연히 내일을 위한 창조적이고 생산적인 여가로서 사회참여이다. 그것은 노인의 사회참여는 노인을 소극적, 수동적, 의존적, 비생산적 존재에서 적극적, 능동적, 독립적, 생산적 존재로 변화시키기 때문이다. 즉 노인들은 자신들이 평생 축적해 온 경험, 지식, 기술, 지혜, 능력 등을 활용하여 지역사회의 발전에 공헌할 수 있게 하는 것이다. 사회 참여를 통하여 노인이 가지고 있는 잠재능력과 열정을 발휘할 수 있는 계기를 마련한다면 노인이 자기성장을 도모하고 자아실현을 할 수 있을 것이며, 지역사회에서 자신의 풍부한 지식과 경험을 발휘할 수 있게 하여 지역사회의 발전에도 기여할 수 있을 것이다.

우리나라의 노인미술활동은 노인들의 사회참여라는 측면에서 매우 중요한 수단이 되어야 함에도 구체적인 체계를 갖추었다기보다는 각 기관의 선의에 의한 활동이 전개되고 있는 편이다. 실제로 노인교육기관의 정확한 숫자조차도 파악하기 어려울 만큼 정부관련 기관, 교육기관, 노인회, 복지관, 종교기관, 민간단체 등 다양한 기관에서 노인교육을 실행하고 있는 정도이다.

2016년 경기복지재단에서는 '경기도 노인 사회참여활동 성공모델 연구'를 발표한 바 있다.

〈표 9〉 경기도 노인 사회참여활동 성공(모델)

건강 · 안전 · 지속적 사회참여

■ 적극적 사회참여		■ 전통적 사회참여
• 가족 이외의 지역주민들과의 지속적인 사회참여(지역사회 공헌) • '사회적 안녕감'의 다섯 가지 세부영역 – 사회 통합, 사회적 기여, 사회적 연관성, 사회적 실현, 사회적 수용	+	• 개인의 건강과 가족과의 지속적인 사회참여 – 종교활동, 취미활동 모임 등

⇧

'성공적 노화'

심리적 노화–적응적 노화 | 생물적 노화–건강한 노화 | 사회적 노화–생산적 노화

⇧

'2018 고령사회', '2026 초고령사회'

기대수명의 증가, 신노년층의 고령사회진입, 다양한 욕구, 액티브 에이징

출처: 장수지 · 김수영 · 문경주(2015). 노년기 사회통합의 가능성 '사회적 안녕감'.
권중돈(2016). 사회복지론.

〈표 9〉에서와 같이 성공적인 노후를 위한 사회참여 활동이란 가족과의 전통적인 사회참여와 함께 지역 주민들과의 지속적인 교류 관계를 이룰 수 있는 적극적인 사회참여에 주목하고 있다. 이 연구에서 기대하는 효과는 첫째, 2018년 고령사회 진입을 앞둔 상황에서 노인의 지속적인 사회참여 활동을 지원하는 정책 수립의 기초 자료를 제공하는 것이고, 둘째, 길어진 노년기의 다양한 사회참여활동의 의의 및 중요성을 환기하는 역할을 하고자 하는 것이다.

성공적인 노후란 일상생활을 자립적으로 할 수 있는 신체적 기능의 수준을 유지하고 신체적 활력을 보유하는 상태로서 건강한 인지기능을 유지함을 의미한다. 더불어 가족, 친구, 이웃 또는 이전의 동료와의 사회적 접촉을 통한 사회관계망을 꾸준히 유지해 나가면서 은퇴 이후에도 경제활동 또는 사회발전에 기여할 수 있는 생산적 활동에 참여하는 것을 의미한다.

이를테면 노인의 사회참여 활동이란 개인의 건강과 가족과의 관계를 유지하면서 건강한 사회 질서를 위한 창의적인 사회참여라 할 수 있다.

4) 일상의 의미화와 건전한 심리 형성

노인의 신체 노화는 질병의 이환율(罹患率)을 높이고 있으나 노인의 심리변화도 그 원인이 있다. 정년퇴직에 의해 경제적 기반, 삶의 목표 소실, 또는 핵가족화에 의한 가족 연결의 소실 등이 노인의 심리에 무력감, 고독감, 또는 각종 스트레스를 낳게 하고 이것이 심신의 질환을 수반하고 그 원인도 되어서 이환율을 높이고 있다. 따라서 노인의 심신증은 처음에 다른 질환의 진료 및 간호를 행하는 경우, 노인심리의 이와 같은 특징을 이해할 필요가 있다.

또 노인들의 고민은 '어떻게 성공적으로 나이를 먹을 것인가, 어떻게 육체적인 건강을 유지하고 발전시킬 것인가, 어떻게 노인과 은퇴 때 발생하는 개인 및 사회적인 주체성의 위기를 극복할 것인가, 경제 및 금융문제의 해결을 할 것인가' 등 노인의 심리적인 문제와 새로운 사회적 역할과 수행에 관한 문제들이다.

현재 노인문제에 대한 대책은「노인복지법(1981년 6월 3일 제정, 1997년 개정)」의 기본이념에 따라 해결되고 있다. 현 노인복지법의 기본이념은 ① 노인에 대한 경로와 생활안정, ② 노인의 능력에 따른 사회참여, ③ 노인의 심신의 건강유지와 사회발전에 대한 기여 등의 명제를 제시하고 있다.

이상의 여러 가지 노인 노화와 심리적 변화 문제에 대해 최명옥(2010: 60-61)은 노인의 여가 문화와 삶의 질에 대한 방향성 관련 연구에서 장구, 노래교실, 게이트볼, 건강체조, 신문 토론 등 단순한 여가 활동 위주로 그치는 문화시설들에 대해 비판하였다. 또 한경혜(2004: 87-106)는 한국 노인의 삶을 이해하기 위해 생애사 연구를 통하여 노인들의 과거의 경험이 진행형으로서 노인의 삶에 영향을 미치고 있음을 강조하였으며, 김소미(2012)는 노인미술교육을 통해 노인의 자아존중감 향상을 시도하는 연구를 하였다.

시니어아트는 노인들의 여러 가지 욕구불만이나 상실감에서 오는 스트레스, 불안감 등의 심리적 변화를 해소할 좋은 도구가 될 수 있다. 다만 노인들의 원하는 방향을 정확하게 인지하는 것이 관건이다. 앞서 살펴본 본 연구자의 설문 조사와 같이 경제 창출을 원하는 것처럼 아직 노인들은 자신감이 없지 않다.

따라서 노인들의 욕구를 충족시킬 수 있는 시니어아트 콘텐츠가 개발된다면 의미 있는 일상으로 삶의 질도 향상될 것이며 노인들의 정서적 안정에도 큰 효과가 있을 것이다.

5) 고령화 시대의 경제적 기회 창출

노인의 경제활동과 사회참여 통계(2009)를 보면, 단체 활동으로 친목, 종교, 문화활동, 스포츠레저, 시민 및 사회, 이익 및 정치, 봉사, 학습 단체 등이 있는데, 60세 이상 단체 활동에 참여하는 비율은 77.7%나 되었다. 하지만 대체로 자원봉사활동에 그치는 정도였다.

이러한 연구를 보더라도 노년층의 의사를 반영한 시니어아트 콘텐츠의 개발을 한다면 노인들의 경제적 창출 기회를 제공할 수 있고, 또한 노인들의 건강한 삶의 질을 높이면서 적극적인 사회참여 활동으로 발전시킬 수 있을 것이다.

6) 지방자치단체 담당부서 확보 및 운영시스템 체계화

시니어아트 콘텐츠가 유용하게 사용되려면 국가나 지방자치제의 지원은 물론 여러 복지 기관이나 교육기관의 협업과 협력이 필요하다. 그러므로 정부 각 부처나 지역 각 부처에는 시니어아트가 원활하게 실행될 수 있도록 담당 부서가 확보되어야 할 것이다. 또 이를 위한 운영시스템도 체계화하여 참여 활동이 매끄럽게 진행되도록 해야 할 것이다.

미국, 영국, 일본, 독일의 경우는 진작부터 시니어 사회참여 활동 자원봉사 사업의 추진 체계와 지원체계를 마련하여 시니어의 사회참여 활동을 강화하고 있다. 우리나라도 이렇게 체계화된 노인 참여 활동 프로그램을 잘 활용하여 우리 실정에 알맞은 시니어아트 콘텐츠의 운영을 체계화해야 할 것이다.

미국, 영국, 일본, 독일 등 시니어 사회참여 활동 자원봉사 사업이 체계화된 예를 좀 더 자세히 살펴보면 다음과 같다.

〈표 10〉 국외 시니어 사회 참여 활동 자원봉사 사업 추진 체계 및 지원체계

국가	추진체계	지원체계
일본	· 노인클럽: 광역 및 기초자치단체 지구 단위별 조직 · 공익법인(재단, 사단), 일반법인(재단, 사단)에서 운영 · 전국/광역기초자치단체 자원봉사센터 운영 · 민간봉사단체 등	· 개정 사회복지법 · 노인복지법 · 고령사회대책기본법 · 생애학습법, NPO법 등 운용
미국	· 국가시니어봉사단(National Senior Service Corps) · FGP(Foster Grandparents Program) · SCP(Senior Companion Program) · RSVP(Retired and Senior Volunteer Program)	· CNCS, CSO, Edward M.Kennedy America Serve Act · The American Association of community colleges(AACC) · PMI(Performance Measure Initiative) · Task Force on Expanding National Service · President's Volunteer Service Award · Service Impact Award/United We Serve
영국	· 전국자원봉사센터(Volunteering England) · 자원봉사개발협의회(England Volunteering development Council) · 지역자원봉사센터(Volunteer Bureau)	· 자원봉사진흥법안(Promotion of Volunteering Bill) · 협약상의 자원봉사 선행 조항(Compact Code of Good Practice on Volunteering)
독일	· 자원봉사(BFD) · 청소년자원봉사(JFD) · 시민의 사회참여	· 연방자원봉사법 · 청소년자원봉사지원법 · 명예직강화법(2013 제정)

출처: 지은정(2014). 시민서비스는 자원봉사의 대척점에 있는가-미국의 Americorps와 Senior Corps를 중심으로-
박귀천(2014). 독일의 노인 사회참여활동 지원에 관한 법제에서 발췌함

국외 시니어 사회참여 활동 정책 중 미국 정책에서 주목할 것은 민간 차원의 사회공헌활동에 대해서는 적극적인 확대 정책을 펼침으로써 사회 각 계층에서 요구하는 복지 수요에 적극 호응하는 방향의 정부 정책이 시행되고 있는 점이다.

미국 연방정부는 정부기관인 CNCS를 통하여 정부의 책임과 리더십을 발휘하는 프로그램으로 국가봉사단 운영과 시니어코, 아메리코, 런앤드서브아메리카 프로그램을 지원하고, 민간단체로서 전국자원봉사센터 역할을 하는 촛불재단에 대한 어떠한 간섭도 없이 정부지원금을 제공하고 있다. 지방 정부들도 시민들의 자원봉사활동을 진흥하고 조정하며 연계하는 자원봉사 지역센터를 간섭 없이 지원만 하여 민간의 자율성과 독립성 및 창의성이 훼손되지 않게 하고 있다. 이렇게 정부와 민간이 서로 역할과 책임을 분담함으로써 미국은 '자원봉사의 나라'라는 명칭을 얻을 정도로 높은 자원봉사참여율을 유지하고 실질인 자원봉사 혜택을 각 지역사회에 나누어 주고 있다.

미국에서 배워야 할 점은, 정부의 수 많은 부처들이 저마다의 프로그램에 자원봉사자를 활용하거나 자원봉사정신을 고취하고, 공동체에 이익을 주는 동시에 자원봉사자에게도 도움이 되는 프로그램을 지원하며, 센터와 같은 인프라를 만들면서도 서로 부정적으로 경쟁하지 않는다는 것이다.

그리고 초고령화 사회인 일본은 1970년대 후반 세계경제 위기가 시작된 이후 저성장기를 맞이하여 복지국가의 해체와 복지사회 재구성이라는 세계적 현상에 대응하기 위해 사회공헌활동으로서 자원봉사 정책을 강화하였다. 그러나 일본의 자원봉사는 처음부터 정부에 의해 지원, 육성되었다는 점에서 미국과 차별성을 가지고 있다.

영국은 1601년 엘리자베스 여왕 당시 구빈법(Elizabeth Poor Law)을 시행, 세계 최초로 민(民)과 더불어 관(官)에 의한 복지정책을 실시하였으며, 100년 역사의 자원봉사단체들, 자선법(Charity Law)의 400년 역사, 100여 년 전부터 시작된 자원봉사 인프라 구축 등 민·관 양 부문에서 선진인 복지모델을 지니고 있는 나라이다. 또 자원봉사가 단순한 사회운동 차원의 자원봉사가 아닌, 매우 중요한 사회기관 분야로서 확고한 위치를 차지하고 있기도 하다. 영국의 자원봉사체계는 민과 관이 종횡으로 잘 짜여진 상호협력의 그물망을 형성하고 있다.

독일에서는 2009년 총선 결과 이루어진 연립협정에서 시민의 사회참여에 대한 지원을 포함하였고, 2013년에는 명예직강화법이 제정되었다.

당시 제시된 입법 목적은 첫째, 시민의 사회참여는 경제성장, 사회적 통합, 복지, 미래를 위한 안정적인 민주주의 구조를 위해서 유지 · 개선하고, 국가재정을 견고하게 하기 위해서도 시민의 사회참여 지원을 강화할 필요가 있다고 본 것이다. 특히 관료주의로 인한 복잡한 행정법규들과 제도들을 간소화함을 목적으로 하였다. 이와 같은 시민의 사회참여는 시민들이 자유롭게 사회를 위해 연대하여 공헌할 수 있도록 하는 자유사회의 징표이기 때문에 법에서 규정하는 조건들은 적극적인 시민사회가 발전될 수 있도록 개선한 것이다.

이상 살펴본 국외의 사례 중 장점은 우리 실정에 맞게 잘 받아들여 시니어아트 콘텐츠의 운영시스템에 활용할 필요가 있다.

3. 시니어아트 콘텐츠

1) 교육형 시니어아트

진로교육활동으로는 유아동 또는 청소년의 진로체험 활동을 지원하거나 동행하는 일이다. 김승보 · 김인엽(2015)은 퇴직한 시니어의 사회 공헌 활동으로 '시니어 참여 사업'으로 국정과제 중 하나인 '공교육 정상화'의 주요 정책인 중학교 자유학년제 전면 시행에 대비한 청소년 진로체험 활동 지원인력 확보를 위해 퇴직 시니어 활용 방안을 연구하였다.

특히 2010년대 초입부터 은퇴가 본격적으로 이루어지고 있는 1955~1963년 사이에 태어난 베이비부머 세대는 이전 세대와 차별화되는 라이프스타일을 가지고 있고, 자원과 시간 여유가 생기는 노년기에 다양한 측면의 욕구를 가지고 있는 것으로 나타나고 있다(서울대학교 노화고령사회연구소 외, 2012; 베이비부머종합정보포털 http://koreablog.korea.kr).

향후 노년층의 고학력자가 점차 늘어날 것인데 그들이 사회에서 활동했던 값진 경험과 노하우를 후학이나 자손에게 전수할 수 있는 것은 매우 보람된 일일 것이다. 공방 체험, 자연미술 체험, 미술관·박물관 체험 활동 등 노인과 함께하는 시니어아트를 통한 진로교육활동은 학생들의 창의·인성교육, 창의·융합 인재 양성을 지향하는 우리나라 교육에 매우 적합한 콘텐츠가 될 수 있다.

2) 재능기부 및 봉사형 시니어아트

재능기부로서 미술로 봉사할 수 있는 활동이다. 이는 노인들이 가지고 있는 끼를 최대한 발휘할 수 있으며, 소외된 이웃과 미술로써 행복 나누기를 할 수 있다. '실버아트 아카데미'를 만들어 고아원 양로원 소외계층 등에 미술지도를 해 주기도 한다.

우리마포복지관은 노인 봉사단 '세시봉'을 모집하여 미술재능 기부활동을 하고 있다. 충남 논산문화원의 어르신 나눔 봉사단은 초·중학교 학생들과 자연 소재를 활용한 그림 그리기 수업, 조형 미술 수업으로 재능기부를 실천했다. 이 중 학교에서 재능기부를 하는 경우는 교육형과 비슷한 활동으로 볼 수 있다.

재능기부란 개인이 가지고 있는 재능을 개인의 이익이나 기술개발에만 사용하지 않고 이를 활용해 사회에 기여하는 새로운 기부형태이다. 예로써 2011년부터 성남시 분당구 금곡동에 위치한 청솔종합사회복지관 부설 성남시실버인력뱅크(센터장 김월도)에서는 만 60세 이상의 노인들이 가지고 있는 재능들을 지역사회에 기부할 수 있도록 재능을 가진 자원봉사자를 모집하여 운영하고 있다. 모집분야는 슈바이처 프로젝트(의료, 보건, 건강 분야), 키다리아저씨 프로젝트(상담, 교육, 멘토 분야), 헤라클레스 프로젝트(체육, 기능, 기술 분야), 마더테레사 프로젝트(돌봄, 시설봉사 분야), 오드리 햅번 프로젝트(문화, 예술 분야)로 총 다섯 개 분야의 재능기부 자원봉사자를 모집한 것이다.

한편 경주보훈지청 보훈실버봉사단은 80세 이상 국가유공자로 구성, 고령보훈 가족의 재능을 발굴하고 사회봉사활동에 참여함으로써 보훈가족의 자긍심 고취 및 국민적 존경과 예우를 이끌어 내기 위해 2013년 초에 결성됐다. 이들 노인들은 어린이집을 찾아가서 인형극을 보여 준다든지, 함께 만들기를 하는 등 어린이들에게 자신들의 재능을 기부하며 사회참여를 하고 있다. 전주의 실버문화 봉사단은 책 읽어 주기 또는 그림자 인형극을 만들어 옛 이야기를 기억하게 해 준다.

자원봉사활동으로 지역 미화사업에는 벽화 그리기, 깨끗한 공동화장실 예쁜 방향제 만들어 걸기와 시화 꾸미기, 길거리 화분 걸이 등 조경활동을 미술과 융합하는 다양한 활동을 개발할 수 있다. 물론 노인들이 순수 봉사활동도 가능하지만, 교통비, 식비, 활동비 등을 지방자치단체나 국가 차원에서 지원한다면 보상받는 마음을 가지게 되어 훨씬 보람 있게 참여를 할 것이다.

3) 공공미술가형 시니어아트

공공미술가로서의 활동이다. 공공미술은 대중을 위한 미술을 뜻하는 것으로 공원의 조각이나 벽화 등 대중들이 즐길 수 있도록 작품을 제작하는 일이다. 노인 공공미술가 활동에는 벽화 그리기, 조형물 만들기 등이 있는데, 이는 화가, 디자이너, 교육자 출신의 노년 문화를 이끌 수 있는 사람들이 모여서 할 수 있는 활동이다. 노인들이 공공미술활동을 하는 예는 주로 벽화 제작인데, 예로써 서울시 송파문화원의 경우 노인 벽화가 양성 프로그램을 실시하여 환경미술과 마을 꾸미기에 적극 참여시키고 있다.

또한 홍보 및 마케팅 활동으로는 지역 특산품을 홍보할 수 있는 아트 상품을 제작하는 일이다. 노인들은 미술을 전공하지 않았더라도 전통 미술 문화나 전통 공예 분야는 생애를 통해 체험적으로 터득한 사람들이다. 따라서 각 지역의 유형 또는 무형문화재를 최대한 활용하여 교육을 받거나 재료 지원 등을 통해 특산품을 홍보할 수 있는 아트 상품을 제작하면, 상품 판매의 이익금을 얻거나 제작료 수입 등 경제적 이익을 창출할 수 있을 것이다. 또 이러한 제작 활동은 한 가지 일에 몰입함으로써 치매 예방이나 무료함 해소, 자존감 향상 등 여러 가지 심리적 안정도 얻게 될 것이다.

4) 미술치료형 시니어아트

노인 미술치료사로서의 활동이다. 건강한 노인은 삶을 함께하는 동지애로써 요양원이나 복지시설에서 노인 상담 및 심리 치료 혹은 치매노인 집단미술치료 등을 해 줄 수 있다. 뿐만 아니라 아이를 키운 경험을 바탕으로 마음이 아프거나 열지 못하는 어린이들을 치료해 줄 수도 있다. 예로써 대한어머니회 수원시지회는 장애아동, 노인들을 위한 봉사활동을 하며 지역사회에 온기를 불어넣고 있다.

미술로 세대공감을 위한 프로그램도 있다. 체험 여행 전문브랜드인 ㈜ 핵교에서는 손녀, 손자와 함께 박물관 및 유적지를 체험하는 프로그램을 만들어 1세대부터 3세대가 함께 공감하는 체험 활동을 통해 가족애를 돈독히 하고 있다. 이는 노인들의 푸근한 내리사랑을 느끼게 함으로써 어린이들의 감성과 참다운 인성 교육에도 큰 도움을 줄 수 있다.

5) 취미 및 여가활동형 시니어아트

여가 및 취미활동으로서는 순수 미술 창작 활동이나 미술관, 박물관 등에서 실시하고 있는 인문학 강좌 수강을 할 수 있는 콘텐츠이다. 지금의 노인들은 자수성가한 사람이 많다. 이들은 유년시절 자신의 적성이나 흥미를 좇아서 진로를 선택한 사람보다는 집안 형편에 맞추거나 취업이 잘되는 직업 선택을 위한 진로를 결정한 경우가 많다. 이러한 노인들은 잠재된 미술적 능력을 발현하고 예술에 관한 지식적인 측면의 인문학 강의를 듣길 원할 수 있다. 이와 같은 대상을 위한 시니어아트는 회화, 조소, 서예, 디자인 활동 등 자신들이 하고 싶은 장르의 창작 활동을 할 수 있을 것이다.

4. 사회참여로서 시니어아트 활성화 방안

노년기가 되면 신체적으로나 정신적으로 기능이 쇠퇴해지기 때문에 자신감을 잃고 회의적으로 변하게 된다. 이럴수록 노인 스스로 주체가 되어 예술적 잠재력을 개발하고 실현한다면 높은 성취감을 얻고 생에 대한 기쁨도 배가될 것이다. 만약 사회의 일원으로서 자신의 존재감을 나타낼 수 있다면, 과거 젊은 시절을 회상하며 균형 있고 조화로운 삶을 유지할 수 있을 뿐 아니라 사회적인 동물로서 다른 사람들과 형성한 관계 속에서 행복을 느끼게 되며, 이는 결국 행복한 삶과 직결된다.

사회참여를 위한 노인미술활동은 인생 이모작의 역할을 하게 될 것이다. 김소향·이신숙(2009)은 노인 일자리 사업은 노인의 자아존중감은 물론 생활만족도에도 매우 긍정적인 영향을 미칠 수 있다고 말하였다.

무엇보다 중요한 것은 '노인은 어쩔 수 없이 도와줘야 하는 대상'이라는 입장을 버려야 한다. 그렇다면 당당하게 사회참여를 하기 위한 노인 미술 활성화 방안을 알아보기로 하겠다.

1) 능력 내실화 및 인생 이모작을 위한 전문성 강화

사회참여로서 노인미술활동가가 되려면 주어진 주제나 대상에 적절하게 지도할 수 있는 다양한 능력과 전문성을 길러야 한다. 노인미술지도사라고 하면 자칫 봉사나 취미활동 정도로 전문적인 능력이 없을 것이라는 편견을 가질 수 있다. 이런 편견에 대해 불만만 터뜨릴 것이 아니라 그런 선입견을 탈피하는 능력을 갖추는 것이 중요하다고 본다. 다만 모든 사람들에게 정당한 대접과 능력에 대해 확실하게 인정을 받으려면 '수요자 중심의 직업 능력 개발 기회를 확대'한다거나 '평생학습 인프라 구축' 등 새로마지플랜 2015(대한민국정부, 2011)에서 성장 동력 확대 분야를 계획하고 있는데, 이에 노인을 대상으로 하는 구체적인 제도도 마련되어야 할 것이다. 요컨대 국가의 정책적, 제도적인 협력은 물론 무조건적인 가족과 지역사회의 협력과 도움이 필요한 것이다. 아울러 보건복지부와 교육부가 힘을 합쳐 노인 미술교육 전문 인력 양성 관련 제도 마련도 해야 할 것이다.

특히 노인이 전문적인 미술활동가로 당당하게 자리매김하기 위해서는, 첫째, 미술교육학은 물론 의학, 심리학 등 다방면의 학문적 소양도 쌓아야 하고, 회화, 조소, 디자인, 서예 분야 등 각 장르별 실기 능력도 겸비해야 한다. 그리고 영아, 유아, 초등, 중등, 같은 노인 등 대상에 따라서도 적합한 지도를 할 수 있어야 한다. 이와 같은 전문성을 갖추는 데는 여가 선용에 초점을 맞춘 노인종합복지관 프로그램이 아닌 미술대학이나 미술관, 평생교육 시설 등 타 교육기관과 연계하여 전문적인 실기 교육을 받는 것이 좋을 것이다.

둘째, 노인의 고학력화, 경제적 지위 향상에 따른 인생을 두 번 일으켜 세울 이 모작이 되도록 전문성을 획득하게 하고, 지속적인 재교육과 연수 활동으로 변화하는 시대와 세대와 소통 가능한 연수도 실시해야 할 것이다.

셋째, 미술 이론 및 미술 실기 능력을 신장할 수 있는 노인의 신체적, 경제적인 상황을 고려한 미술실 마련도 필요하다. 미술활동은 다른 영역과 달리 미술 재료 매체가 꼭 필요하다. 때로는 부피가 크기도 하고, 여러 재료를 펴서 활동을 해야 하므로 테이블 등 시설 확충과 독립적인 공간이 있어야 편안한 마음으로 부족한 능력을 신장시킬 수 있을 것이다.

2) 국가 차원의 노인미술활동 일자리 지원 정책 마련

1980년 중반까지의 노년학 연구에서는 생물학적으로 노쇠나 노화, 심적 무기력, 질병과 장애, 사회적 의존성 등 주로 부정적인 측면에 초점을 맞추었다. 하지만 이제는 인간의 수명연장과 노인 인구 증가에 따라 노년기의 삶에 대한 새로운 시각으로 긍정적인 측면에 관심을 가지고 있다. 성공적인 노화가 되려면 건강관리, 삶의 만족감, 식생활 습관, 가족과 사회적 관계, 경제적 안정, 사회참여, 배움의 욕구 등이 충족되어야 하며, 특히 '사회참여'는 성공적 노화의 중요한 요소(서경석, 2010)이므로 국가 차원에서 노인들이 미술활동을 적극적으로 할 수 있도록 희망적인 일자리 지원 정책을 마련해야 할 것이다.

물론 노인복지정책 일환으로서 일자리 지원 정책이 없는 것은 아니다. 예를 들면, 2010년도 보건복지부가 발표한 노인복지정책의 목표와 과제를 보면, 건강한 노년이나 안정된 노년 사회의 인프라를 구축하고, 사회성 확대와 소득지원을 위한 노인의 사회참여, 즉 성공적인 노화의 사회화로 새로운 개념의 정책인 '신노년 담론으로서의 정책'을 구축하고 있다. 또한 국제적으로도 고령화 추세에 대한 신노년을 담론하는 정책이 개발되거나 권고되고 있다. 또한 유럽연합(EU)은 노인이 가능한 한 독립적으로 생활할 수 있도록 지원하고 있으며, 미국은 노인 개개인의 개발을 도와주고, 일본은 1990년대 중반 신골드플랜이 마련된 이후 노인을 제2의 현역세대로서 사회적으로 활동하는 긍정적인 노인상을 추진하고 있고, 영국 정부는 '긍정적인 노인' 정책을 매우 주도적으로 추진하고 있다.

우리나라의 경우 1997년 경제위기 이후 노인 관련 보고서와 정책제안서에서 노인의 사회적 참여와 역할을 강조하기 시작했으며 생산적 노화담론을 〈표 11〉과 같이 최근까지 적극적으로 반영한 노인 복지 정책들을 제시하고 있다.

〈표 11〉 신노년 담론을 반영한 노인복지정책들

년도	정책(법)명	정책(법)의 주요 내용
2003	고령자 적합 직종 선정 및 채용 권고	고령자 우선 직종(공공부분 70개, 민간부분 90개) 선정, 고시
2004	노인 일자리 사업	노인복지법 제23조에 기반하여 활력 있는 노후 생활 보장, 노인인력 활성과 역동적인 노인상 구현
2005	저출산·고령사회 기본법	고용, 소득보장, 건강증진과 의료제공, 생활환경과 안전보장, 여가 문화 및 사회활동 장려, 평생교육과 정보화, 고령친화사업 육성
	저출산 고령사회 기본계획(새로마지플랜)	고령사회 삶의 질 향상 구축 방안, 미래성장 동력의 확보
2006	고령친화산업진흥법	고령사회 성장 동력으로 노인관련제품, 서비스산업의 육성
2008	고령자연령차별금지 및 고령자 고용 촉진에 관한 법률	모집 채용부터 퇴직해고까지 연령차별 금지
	정년연장 장려금 제도	정년을 일정 이상 연장하거나, 고령자를 계속 고용하는 기준 실적에 따라 사업장에 지원함
2011	2011~2015 제2차 저출산·고령사회 기본계획(새로마지플랜 2015)[1]	고령자의 삶의 질 향상 기반 구축 – 베이비붐세대의 고령화 대응체계 구축 안정되고 활기찬 노인생활 보장 – 다양한 사회참여, 여가문화 기회 제공 고령친화적 사회 환경 조성 성장동력 확보 및 분야별 제도 개선 저출산, 고령화 대응 사회적 분위기 조성

출처: 서경석(2010). pp. 16-18 참조. 연구자가 추가 작성.

1) 1997년 IMF(국제통화기금) 외환위기를 거치면서 우리나라 합계출산율(여성 1명이 평생 동안 낳을 것으로 예상되는 평균 출생아 수)이 1.5명 미만으로 낮아졌고, 2000년을 지나면서 1.1~1.2명이라는 세계에서 가장 낮은 출산율을 기록하고 있다. 이에 대응해서 정부는 2006년부터 고령사회 대비를 위한 출산장려정책을 도입하여 현재 제2차 저출산·고령사회기본계획(2011~2015년)(새로마지플랜 2015)을 확정하였다. 「새로마지플랜 2015」는 제2차 저출산·고령사회기본계획의 정책 브랜드로서 '새로마지'는 "새롭고 희망찬 출산에서부터 노후생활의 마지막까지 아름답고 행복하게 사는 사회"라는 의미와 "희망찬 미래와 행복이 가득한 사회를 새로 맞이하겠다"는 의지를 표현한 것이다(보건복지부, 2011, 2011~2015 제2차저출산·고령사회기본계획 새로마지플랜 2015).

그리고 서울시(2011, 서울특별시 고령 친화도시 구현을 위한 노인복지 조례안)에서는 신노년담론을 반영하여 단기 실행 계획으로 '9988 어르신 프로젝트'를 비롯하여 중장기 실행 계획으로서 '신노년정책' 등을 마련하여 '고령친화도시 Age-Friendly City)'를 실현하고자 노력을 경주하고 있다. 서울시 정책을 보면 다음 〈표 12〉와 같다.

〈표 12〉 서울특별시 고령친화도시 실현 정책

비전	건강하고 활기찬 100세, 서울				
목표	고령친화도시(Age-Friendly City)				
분야	건강한 노후 (Healthy)	활기찬 생활 (Active)	생산적 노년 (Productive)	통합적 사회 (Integrative)	편리한 환경 (Environment)
중점과제	건강관리증진 질병예방지원 요양돌봄강화	문화여가확대 평생교육기회 자원봉사공헌	일자리확충 고령친화기업확대 실버산업육성	세대통합지원 권익보호증진 노인인식개선	실버주택보급 이동편의증진 고령친화공원

출처: 서울특별시의회(2011).

위의 〈표 11〉과 〈표 12〉에서 보면, 노인들의 일자리 창출을 위한 고용 촉진정책이 제시되고, 노인들이 활동하는 분야에서 친화력이나 친밀감을 가질 수 있는 정책들이 지속적으로 마련되고 있음을 알 수 있다. 그럼에도 불구하고 정부나 서울시에서 계획한 중점 과제를 보면 노인들에게 어떤 내용으로 어떤 기관에 보수는 얼마인지 등 구체적인 정책을 알기 어렵다.

앞에서도 언급한 바 있듯이 노인미술활동을 위한 제도로써 노인들이 좀 더 자신감과 희망을 가지고 건강하고 활기찬 생산적 사회참여를 하게 하려면, 구체적인 기관(노인종합복지관, 어린이집, 방과 후 특기적성 관련 활동 등), 대상(영아, 유아, 초등, 중등, 같은 노년층 등), 노인들이 활동했을 때 부가적인 혜택(시간당, 주당, 월당, 분기당 강사료) 등이 마련되어야 할 것이다.

3) 노인과 어린이의 1:1 결연제도 마련

현대사회에서 우리나라의 대표적인 가정 변화는 맞벌이 부부가 많이 증가한다는 점일 것이다. 맞벌이 부부는 가정의 경제적인 측면에서는 도움이 될지 모르지만 가장 큰 문제는 바로 육아 문제이다. 젊은 부부들의 정신적 스트레스도 육아문제를 꼽고 있다. 노인이 사회참여로서 부가가치를 창출할 수 있는 미술활동의 가장 적절한 대상은 어린이라고 본다. 특히 노인과 어린이가 연계된 세대 통합 활동은 보람 있는 노년기를 원하는 노인들에게 사회적으로 의미 있는 활동을 제공하여 자존감을 높일 수 있고 어린이들과의 교류를 통하여 노인들에게는 정체성을 갖게 할 수 있다.

따라서 노인들이 미술활동을 하는 데도 어린이를 대상으로 하는 것이 매우 긍정적인 효과를 가져 올 수 있다. 그러기 위해서는 어린이들이 자율적으로 행동하거나 이동할 수 있는 여건이 어려움을 감안하여 노인들과 1:1 결연제도를 마련한다면, 어린이의 부모도 노인에 대한 경계심을 없애고 안정되고 편안한 마음으로 어린이를 맡기고 지도를 요청할 수 있을 것이다. 그리고 어린이도 노인과의 정기적인 만남을 통하여 정서적인 안정을 찾을 수 있고, 친할머니나 할아버지와 같은 마음으로 의지하면서 재미있게 미술활동을 할 수 있을 것이다.

다만 어린이와 1:1 결연제도에 의해 미술활동을 하는 노인의 경우도 미술의 기능적인 표현 활동 또는 어린이 돌봄 역할에 초점을 두는 것이 아니라, 어린이의 정서적, 심동적인 측면에도 소홀함이 없어야 한다. 또한, 이런 역할과 활동을 함으로써 노인의 생애사와 노인의 삶, 자존감과 정체성 보존도 중요시해야 할 것이다.

4) 학교 또는 공공기관에서 노인 미술지도사 자격증 제도 및 프로그램 운영

노인들이 정당한 자격증을 가지고 자신들의 능력을 최대한 발휘하려면 그에 준하는 자격증제도가 마련되어야 한다. 노인이 안 된다는 조건은 없지만 2012년 2월 17일에 법률 제11312호로 「문화예술교육지원법」 일부 개정 법률이 공포되었다. 그리고 그해 12월 30일에 문화예술교육사 제도가 국회본회의에 통과되었다. 「문화예술교육지원법」은 지난 2005년 문화부가 국민의 문화역량강화와 문화예술교육활성화를 목적으로 제정한 법이다. 이 법에 따라 그동안 초·중·고는 물론 아동·노인시설 등 교육시설에 예술 강사를 배치해 그 역할을 수행해 왔다.

문화예술교육사 제도는 예술 강사들이 자격증을 취득하여 초·중·고등학교 및 사회문화예술교육지원 사업뿐 아니라 국공립 문예회관, 박물관, 미술관, 문화의 집 등 교육시설에 배치되어 활동할 수 있도록 만들어진 제도이다.

이 제도는 문화예술 강사진이 세부적인 강사 자격 요건이 갖춰지지 않아 무자격자가 속출하는 등 여러 문제들이 발생한 것을 감안하여 만든 제도이다. 그래서 자칫 노인들도 자격을 잘 갖추면 이러한 제도를 활용할 수 있을 것 같지만 실상은 이러한 제도의 취지는 주 5일 수업제와 관련하여 방과 후 또는 토요문화학교 운영에 초점을 맞추었기 때문에 대학교의 연계 자격증 제도로 진행되고 있어 노인들의 역할은 거의 없다고 할 수 있다.

문화예술교육사 제도가 젊은 세대의 일자리 창출 제도로도 가치와 의미가 있겠으나, 노인들의 전문성과 능력을 발휘할 수 있도록 문화예술교육사와 같은 노인을 대상으로 하는 전문자격증 제도나 이러한 능력을 습득할 수 있도록 대학기관이나 공공기관에서의 구체적이고 계획적인 프로그램이 개발 운영되어야 할 것이다.

예컨대 문화예술교육사 제도에서 '미술 분야'의 '교수역량'을 함양시키기 위한 교과목과 이수 시간을 살펴보면 다음 〈표 13〉과 같다.

〈표 13〉 문화예술교육사 '미술분야' 교수역량 교과목 및 이수시간

교과영역	교과목	이수시간
교수역량 ②	미술교육론	2학점(32시간)
	미술 교수학습방법	2학점(32시간)
	(미술 · 디자인 · 공예) 감상 및 비평	2학점(32시간)
	창의적 방법을 통한 (미술 · 디자인 · 공예) 교수법	2학점(32시간)
	미술 교수학습 프로그램 개발	2학점(32시간)
	(미술 · 디자인 · 공예) 교육교재/교구 개발 및 활용	2학점(32시간)
	통합 예술교육프로그램 이해	2학점(32시간)
	(미술 · 디자인 · 공예) 기획/제작 및 시연	2학점(32시간)

출처: 문화예술교육사 홈페이지 참조.

그리고 역시 '미술분야'의 '예술전문성' 영역의 목표를 보면 다음과 같다.

다양하고 급변하는 현대미술의 흐름에 능동적으로 대처하고 문화유산의 맥을 승계하는 한편 미래의 창의적 예술문화를 선도하며 문화예술교육사로서 한국의 전통적 미와 현대미술의 전인적 흐름을 이해하고 전통적 미술과 현대미술 그리고 설치 미술을 통해 지역민의 삶의 질을 높이고 인간다운 삶을 향유하도록 하는 문화예술교육의 전문 인력을 양성하는 데 목표를 둔다. 실기와 이론을 심화하고 이를 기반으로 장르 간 융합의 기회를 높이는 공통운영 교육과정을 통해 학습자의 개성과 창작능력을 키우고자 한다.

이 같이 노인 미술지도사 자격증을 위해서는 〈표 13〉의 교과목을 참조하면서, 예를 들어 노인이 어린이를 대상으로 할 경우는 '아동 발달 단계별 표현능력 이해' 또는 '아동미술지도법'과 같은 교과목들이 개설될 수도 있고 지역성을 고려한 '지역문화해설사' 과목도 개설될 수 있을 것이다.

그리고 '예술전문성' 분야의 목표도 노인이 지도하는 대상에 따라 새롭게 마련함은 물론이거니와 교과목도 다양하게 개설될 수 있다. 그러나 교과목 설정의 문제는 연구자의 독단적인 견해보다는 교육기관이나 실행기관, 그리고 대상자들의 요구나 욕구 등 철저한 사전 조사가 이루어진 후 교과목 설정을 해야 배움에 대한 의욕도 상승하고 활용 가치도 높다고 본다.

다만, 노인미술지도사가 자칫 문화예술교육사에 포함될 수 있다고 볼 수 있겠으나, 현재의 제도나 정책으로는 노인을 염두에 둔 것이 아니기 때문에 노인 미술지도사 제도는 노인만을 위한 자격증 제도로 독자적으로 만들어져야 한다고 본다.

제6장

노인미술활동의 실제

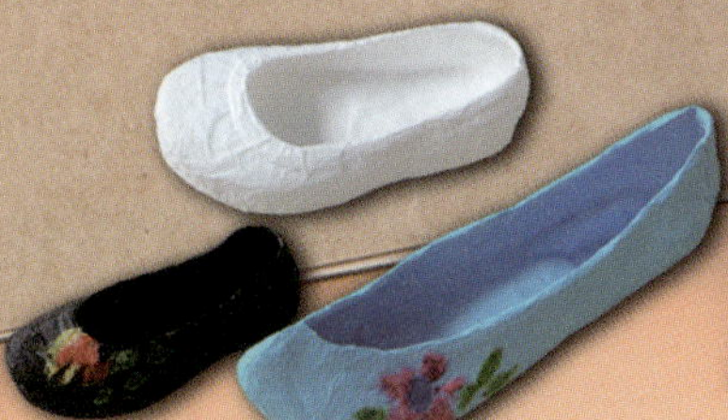

1. 실생활 중심 노인미술활동

본 연구에서 개발한 실생활 중심의 인지·감각 융합 미술프로그램의 주제는 의생활, 식생활, 주생활, 일상생활과 관련된 활동 네 가지로 구성하였다. 이는 미술을 전공하지 않은 노인들로 하여금 미술이론이나 미술교육에 대한 원론적인 접근보다는 삶 속에 녹아 있는 생활문화를 통해 용이하게 미술활동에 접근하도록 한 것이다.

네 가지 프로그램의 구체적인 설정 이유는 다음과 같다.

첫째, 의생활 중심의 표현 활동은 자신의 용모에 관심을 가지게 함으로써 자기애를 함양시키기 위함이다. 인지·감각 융합으로는 유년시절의 회상능력과 양손을 사용하여 좌·우뇌 발달을 도모할 수 있다.

둘째, 식생활 중심의 표현 활동은 생활과 밀접한 관련이 있는 생활 주변의 자연식품을 통하여 다양한 색채 감각을 키우고 위생과 건강한 생활에 대해 인지할 수 있도록 하기 위함이다. 시각적 인지능력과 촉각 등 오감을 융합할 수 있다.

셋째, 주생활 중심의 표현 활동은 유년시절 자랐던 집안의 꽃밭이나 시골 풍경 등을 회상하며 자신만의 정원을 꾸며봄으로써 자신의 존재에 대한 자존감이 향상될 수 있다. 이는 회상 능력과 정원을 꾸미는 아이디어 생성 능력 그리고 양손 활용을 통한 좌·우뇌 발달에도 도움을 줄 수 있다.

넷째, 일생생활 중심의 표현 활동은 일상생활에 사용하였거나 사용할 수 있는 공예활동을 함으로써 유년시절에 경험했던 부모님의 역할을 기억하게 하거나 자신이 만들어 보았던 기억을 상기시킬 수 있다. 이를 통해 기억력과 노작활동을 융합할 수 있을 뿐 아니라 가족을 위하는 가족애를 높일 수 있다.

1) 의생활 중심 미술활동

의생활을 주제로 한 표현 활동은 노인들이 장신구로 활용하거나 가족에게 선물할 수 있도록 한다.

(1-1-1) 비즈로 만든 예쁜 팔찌

예쁜 팔찌 만들기

활동목표

다양한 비즈를 이용해서 팔찌 또는 목걸이를 만들 수 있다.

준비

도구·재료	비즈, 우레탄 와이어, 가위, 수수깡 등
환경	큰 테이블 4개, 의자(인원수만큼)
대체 가능 일상재료	조개껍질, 결명자 열매, 율무, 보리수 열매 등

활동과정 및 방법

1. 여러 가지 비즈를 바닥에 그려진 동그라미 모양에 맞추어 배치한다.
2. 배치한 순서대로 우레탄 와이어에 비즈를 넣고 꿰어 준다.
3. 매달 장식을 마지막에 꿰어 준 다음 10회 이상 묶어 준다.
4. 나머지 부분은 가위로 자르고 매달 안으로 넣어 마무리한다.
5. 완성한 팔찌를 착용한 다음 흔들어 보고, 노래에 맞추어 율동한다.

활동 Tip

- 비즈가 빠지지 않도록 우레탄 와이어의 시작 부분을 수수깡으로 묶은 다음 구슬을 꿰도록 한다.
- 비즈 구멍의 크기가 되도록 큰 것을 사용하여 시력이 좋지 않은 어르신을 배려한다.
- 야광 비즈를 이용하면 실생활에 활용할 수 있다.

난이도별 활동지침

상 동그라미 모양에 비즈를 큰 것 1개와 작은 것 2개 꿰기 등으로 순서를 정해서 배치한다.
비즈의 크기에 변화를 주며, 조금 크기가 작은 것을 배치해 미세한 손의 움직임을 유도한다.

중 자신이 넣고 싶은 색과 모양에 맞추어 배치한다.
비즈의 크기에 변화를 주어 손과 눈 감각의 변화를 유도한다.

하 동그라미 모양에 비즈를 마음대로 모두 배치한다.
비즈가 바닥으로 굴러가지 않도록 한다.

활동 관련 인지 단어

팔찌	구슬	반짝반짝
나들이	하나, 둘, 셋	흔들흔들
꽃팔찌	꽃반지	선물

※ (어떤 의미)에 중점을 둔 단어인지 설명한다.

교육적 효과

- 유년시절을 회상하여 기억력을 향상시킬 수 있다.
- 양손가락의 감각 활동을 활발히 함으로써 좌·우뇌의 발달을 도모하여 인지적 능력을 향상시킬 수 있다.

수업 활동 과정

1. 둥근 모양에 비즈 배치해 보기

2. 우레탄 와이어에 비즈 꿰기

3. 10회 이상 매듭지어 묶기

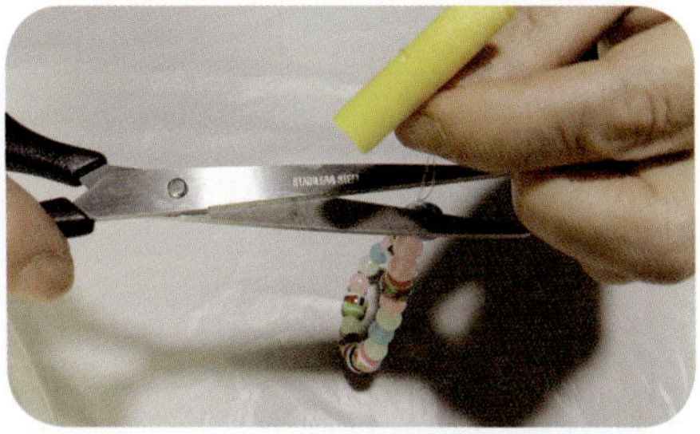

4. 가위로 잘라 마무리하기

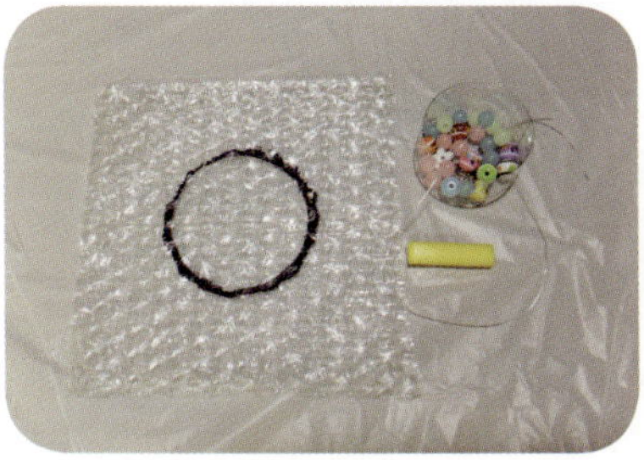

준비물

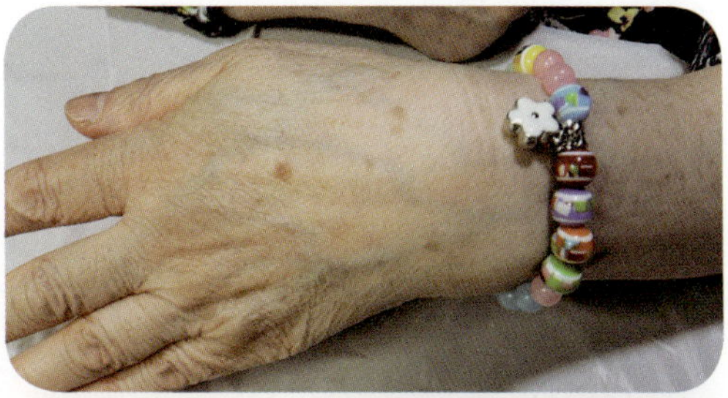

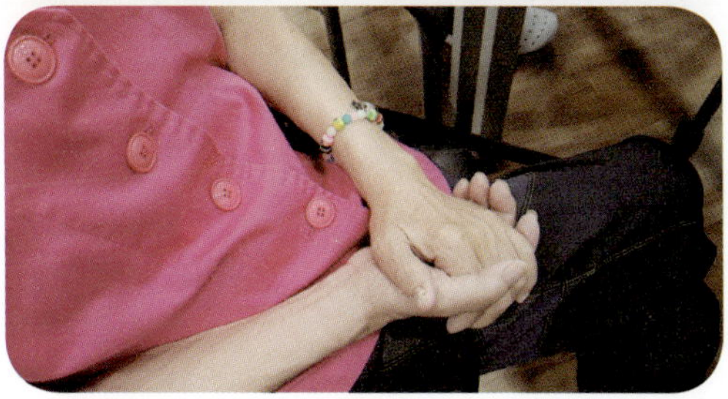

완성작품

(1-1-2) 나에게 주는 선물

브로치 만들기

활동목표

색이 가진 상징과 의미를 알고, 자신이 좋아하는 색(또는 자신에게 에너지를 주는 색)을 선택하여 장신구를 만들 수 있다.

준비

도구·재료	우드판(나무), 파스넷, 붓, 물통, 투명 매니큐어, 브로치 핀, 접착제
환경	큰 테이블 4개, 의자(인원수만큼)
대체 가능 일상재료	여러 가지 비즈, 마른 꽃이나 나뭇가지, 작은 오브제 등 사용 가능

활동과정 및 방법

1. 좋아하는 색에 대해 이야기하고, 색에서 느껴지는 느낌과 색의 여러 가지 상징에 대하여 이야기 나눈다.
2. 우드판에 파스넷을 이용하여 자신이 좋아하는 색(또는 에너지를 주는 색)으로 그린다.
3. 파스넷으로 스케치한 그림을 붓에 물을 묻혀 채색한다.
4. 마감제로 투명 매니큐어를 이용하여 채색한다.
5. 작품이 마른 후 뒷면에 브로치 핀을 접착제를 이용하여 붙인다.

활동 Tip

- 투명 매니큐어 채색 시 완전히 마른 다음 2~3회 두껍게 채색한다.
- 여러 가지 비즈나 오브제를 붙여 꾸며 줄 수 있다.

난이도별 활동지침

상 색과 모양을 고려하여 창의적으로 주제를 정한다.
완성 후 작품에서 느껴지는 느낌을 이야기하고, 실생활에 적용할 수 있는 재료들에 대해 탐색한다.

중 순서에 맞추어 차례대로 작품 활동을 한다.
완성 후 이야기를 나누어 보고, 실생활에 적용할 수 있는 재료들에 대해 이야기 나눈다.

하 좋아하는 색을 가지고 표현한다.
완성 후 착용한다.

활동 관련 인지 단어

장신구	브로치	목걸이
핀	동그라미	세모
네모	가로	세로

※ (어떤 의미)에 중점을 둔 단어인지 설명한다.

교육적 효과

- 색이 가진 상징과 느낌을 이해하고, 자신에게 에너지를 주는 색을 실생활에서 활용할 수 있다.

수업 활동 과정

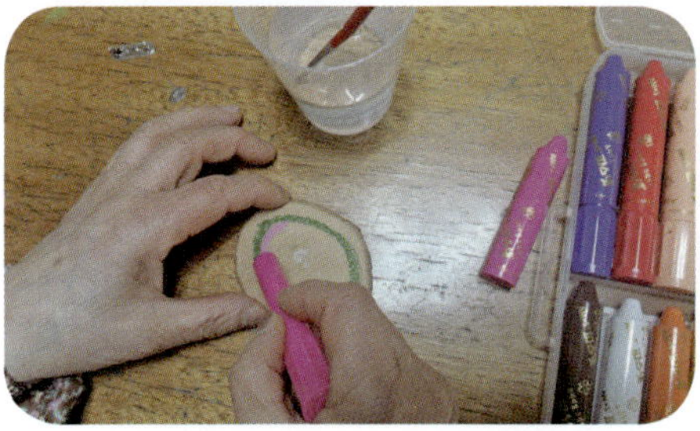

1. 우드판에 파스넷으로 그리기

2. 붓에 물을 묻혀 채색하기

3. 마감제(매니큐어)로 채색하기

4. 뒷면에 접착제로 브로치 핀 붙이기

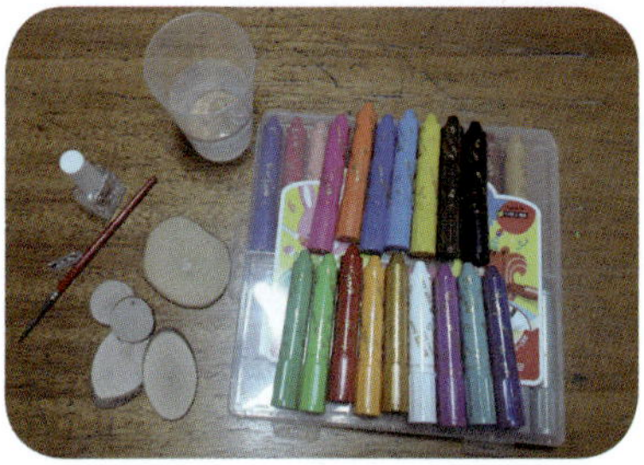

준비물

완성작품

(1-1-3) 판화 무늬로 새긴 티셔츠

공판(티셔츠 꾸미기)

활동목표

공판화의 특성을 이해하고 판화를 이용하여 티셔츠를 만들 수 있다.

준비

도구 · 재료	OHP 필름(또는 두꺼운 도화지), 칼, 염색 물감(또는 아크릴물감), 붓, 물통, 휴지, 티셔츠, 신문지
환경	큰 테이블 4개, 의자(인원수만큼)
대체 가능 일상재료	아크릴물감

활동과정 및 방법

1. OHP 필름에 만들고 싶은 도안을 간단히 그린다.
2. 도안을 칼로 오려낸다.
3. 스폰지에 염색 물감을 묻혀 도화지에 모양을 찍어 본다.
4. 티셔츠 안에 신문지를 넣은 다음 만든 도안을 올려놓고 스폰지를 찍어 준다.
5. 여러 방향으로 어울리도록 판화를 찍는다.

활동 Tip

- 티셔츠 안쪽에 신문지를 넣어 뒷면에 이염되지 않도록 한다.
- 티셔츠를 꾸민 다음 반짝이 스티커 등을 붙여 장식한다.
- 여러 모양의 도안을 미리 준비해 둔다.

난이도별 활동지침

상 공판화의 원리를 이해하고 실생활에서 적용할 수 있는 것에 대해 탐색한다.
도안을 앞뒤, 좌우 여러 방향으로 찍어 다양한 형태로 표현한다.

중 다양한 색으로 티셔츠를 표현한다.
비즈 스티커를 붙여 자유롭게 표현한다.

하 지도자의 안내에 따라 스폰지에 물감을 묻혀 찍는다.
비즈 스티커를 붙여 장식한다.

활동 관련 인지 단어

공판화	도안	염색
물감	옷	장식
스티커	찍기	판화

※ (어떤 의미)에 중점을 둔 단어인지 설명한다.

교육적 효과

- 공판화의 원리를 이해하고 실생활에 적용할 수 있다.
- 스폰지에 물감을 묻혀 찍는 활동을 통해 면의 구분을 할 수 있다.

수업 활동 과정

1. OHP 필름에 스케치하기

2. 스케치한 것 오려내기

3. 스폰지에 물감 묻혀 도화지에 연습하기

4. 여러 방향으로 찍기

준비물

완성작품 1

완성작품 2

(1-1-4) 고무신 리폼하기

고무신 리폼하기

활동목표

고무신에 물감과 비즈 등을 이용하여 아름답게 표현할 수 있다.

준비

도구·재료	도화지, 연필, 지우개, 고무신, 아크릴물감, 물통, 붓
환경	큰 테이블 4개, 의자(인원수만큼)
대체 가능 일상재료	슬리퍼, 실내화, 비닐 가방

활동과정 및 방법

1. 고무신에 그리고자 하는 그림을 간단히 연필로 도화지에 스케치한다.
2. 스케치한 그림을 보며, 고무신에 물감으로 그린다.
3. 신발의 안쪽과 옆면을 어울리게 채색한다.
4. 비즈 스티커나 가죽끈을 이용하여 개성 있게 장식한다.
5. 고무신을 신어 보고 느낌을 이야기 나눈다.

활동 Tip

- 아크릴물감은 옷에 묻으면 지워지지 않으므로 미리 안내한다.
- 물감 채색 후 비즈나 스티커 등을 이용하여 개성 있게 표현한다.
- 물감 채색 시 한 번에 신발을 모두 완성하지 말고 양쪽을 번갈아 가며 표현하도록 한다.

난이도별 활동지침

상 고무신을 색과 모양에 어울리도록 창의성 있게 표현한다.
물감 외에 다양한 재료를 이용하여 표현할 수 있음을 알고, 재료에 대해 탐색한다.

중 고무신을 물감으로 표현한다.
물감과 비즈 스티커 등으로 장식한다.

하 면봉에 물감을 묻혀 고무신에 찍는다.
신발을 신고 걸어 본다.

활동 관련 인지 단어

고무신	신발	꽃신
짚신	구두	미투리
나막신	실내화	실외화

※ (어떤 의미)에 중점을 둔 단어인지 설명한다.

교육적 효과

- 고무신을 신어 보았던 기억을 떠올려 회상 능력을 향상시킬 수 있다.
- 신발을 리폼하고 장식해 봄으로써 표현의 즐거움을 도모할 수 있다.
- 실생활에서 여러 도구들을 리폼하는 방법을 알 수 있다.

수업 활동 과정

1. 스케치하기

2. 스케치를 보며 그려 보기

3. 신발의 안쪽과 옆면 그리기

4. 마무리하기

준비물

완성작품

(1-1-5) 빨대로 만든 장식목걸이

빨대 목걸이

활동목표

빨대를 이용하여 여러 가지 모양의 장신구를 표현할 수 있다.

준비

도구 · 재료	빨대, 가위, 와이어
환경	큰 테이블 4개, 의자(인원수만큼)
대체 가능 일상재료	수수깡, 열매

활동과정 및 방법

1. 크기와 색을 고려하여 빨대를 자른다.
2. 자른 빨대를 와이어에 넣을 순서대로 배치한다.
3. 배치해 보았던 순서대로 와이어에 넣는다.
4. 빨대를 와이어에 모두 넣은 후 와이어를 여러 차례 묶어 풀어지지 않도록 한다.
5. 만든 목걸이를 목에 걸어 보고 서로의 작품에 대해 이야기 나눈다.

활동 Tip

- 빨대의 두께가 가늘면 와이어에 넣을 때 어려우므로 큰 것을 사용한다.
- 예시 작품으로 빨대의 여러 가지 변화를 안내한다.
- 빨대를 자르는 과정에서 튈 수 있으므로 유의한다.

난이도별 활동지침

상 빨대의 길이를 정함에 인지적 전략을 써서 가위로 원하는 모양을 만든다.
빨대로 만들 수 있는 물건에 대해 탐색한다.

중 원하는 크기에 맞춰 빨대를 자른다.
빨대를 순서대로 와이어에 넣는다.

하 자른 빨대를 진행자의 안내에 따라 배치한다.
와이어에 빨대를 넣는다.

활동 관련 인지 단어

빨대	끈	가위
목	목걸이	팔찌
장신구	자르다	넣다

※ (어떤 의미)에 중점을 둔 단어인지 설명한다.

교육적 효과

- 빨대를 자를 때 모양과 길이를 고려하는 과정에서 인지적 전략을 사용할 수 있다.
- 어울리는 색을 찾고 표현해 봄으로써 색에 대한 감각을 향상시킬 수 있다.

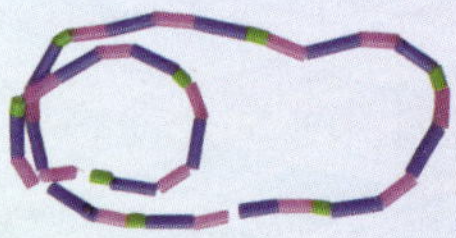

수업 활동 과정

1. 크기에 따라 빨대 자르기

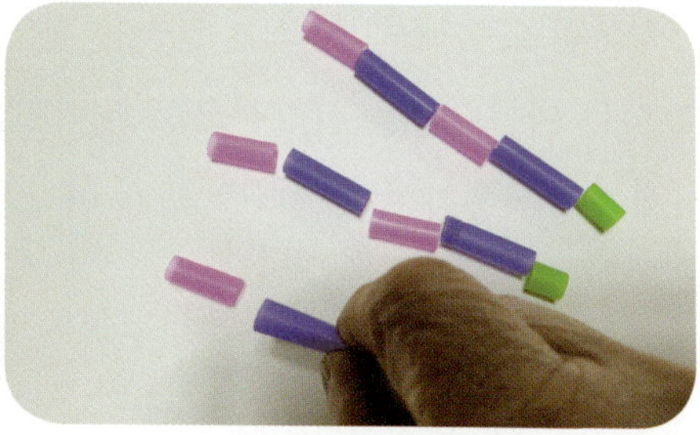
2. 순서대로 배치해 보기

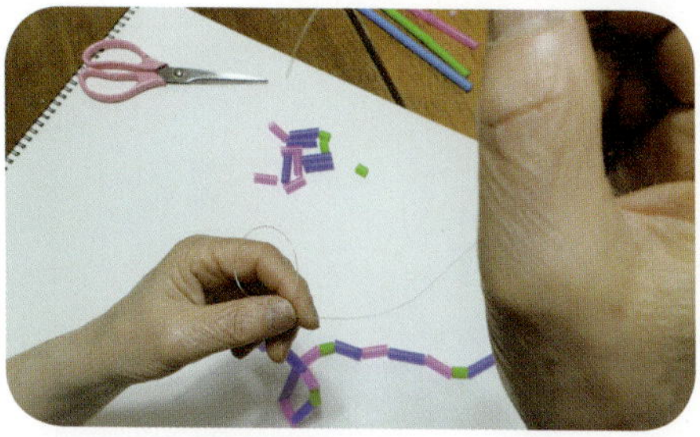
3. 와이어에 순서대로 넣기

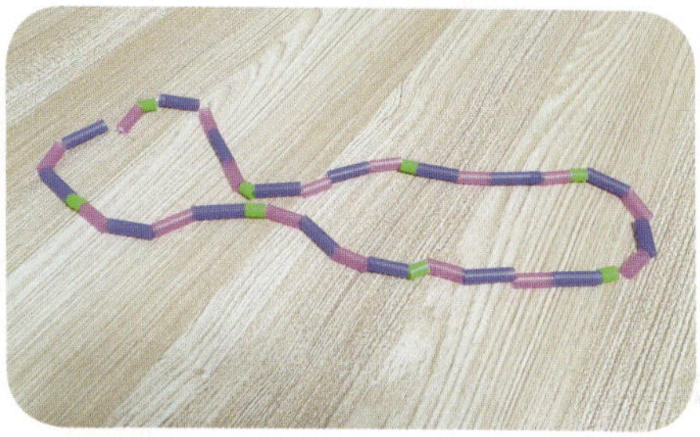
4. 와이어 묶기

준비물

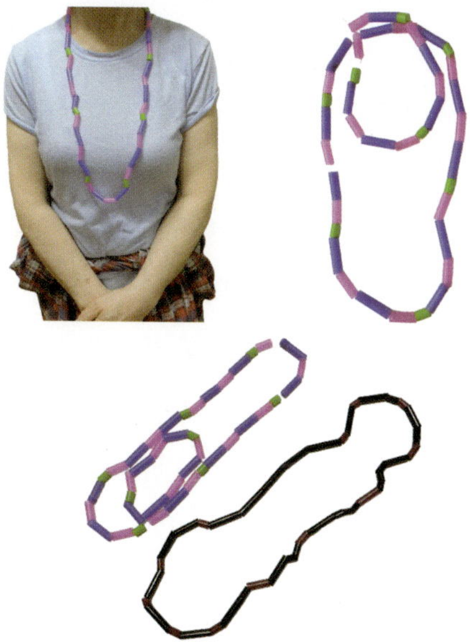
완성작품

2) 식생활 중심 미술활동

식생활을 주제로 한 표현 활동은 자연 음식 재료들을 활용하여, 자연색이 가지고 있는 아름다움을 시각적으로 느끼며, 자연 음식이 건강에 좋음을 알고 이러한 식재료를 이용하여 아름다운 색채 미감을 느낄 수 있다.

(1-2-1) 예쁜 야채케이크 만들기

과일케이크로 축하해요!

활동목표

여러 가지 야채를 이용하여 예쁜 케이크를 꾸밀 수 있다.

준비

도구·재료	여러 가지 색이 있는 과일이나 야채, 밑판용 사과(양배추 또는 무), 꼬치, 일회용 접시, 비닐장갑
환경	큰 테이블 4개, 의자(인원수만큼)
대체 가능 일상재료	계절에 따른 각종 과일이나 야채, 백업, 뽕뽕이 등

활동과정 및 방법

1. 준비한 과일과 야채의 색, 느낌에 대해 이야기 나눈다.
2. 위생을 위해 비닐장갑을 착용한다.
3. 꼬치에 색깔별로 알록달록하게 과일과 야채를 끼워 준다.
4. 반 자른 사과 위에 각자 만든 꼬치를 꽂아 케이크 모양을 만든다.
5. 완성이 되면 케이크는 어떤 때 먹는지 이야기 나누고, 생일 축하 노래를 부르며 마무리한다.

활동 Tip

- 꼬치의 끝부분이 뾰족하므로 안전에 주의한다.
- 계절에 따라 알록달록한 야채나 과일 등을 준비한다.
- 밑판은 반 자른 사과 또는 양배추를 사용하면 쉽게 꼬치를 꽂을 수 있다.

난이도별 활동지침

상 재료(과일)를 이용하여 창의적으로 주제를 정한다.
완성한 후 이야기를 나누어 보고, 실생활에 적용할 수 있는 재료들에 대해 탐색한다.

중 순서에 맞추어 재료(과일)를 꼬치에 꽂는다.
완성한 후 이야기를 나누어 보고, 실생활에 적용할 수 있는 재료들에 대해 이야기 나눈다.

하 정해진 순서에 따라 재료(과일)를 천천히 꼬치에 꽂는다.
완성한 후 맛을 느껴 본다.

활동 관련 인지 단어

토마토	귤	바나나
멜론	꼬치	생일
축하	행복	사랑

※ (어떤 의미)에 중점을 둔 단어인지 설명한다.

교육적 효과

- 축하하는 즐거움과 행복했던 기억을 상기시킬 수 있다.
- 여러 가지 색에 대한 인지능력을 향상시킬 수 있다.

수업 활동 과정

1. 밑판(사과)을 고정시키기

2. 꼬치에 과일(야채) 끼우기

3. 과일꼬치를 큰 순서대로 꽂기

4. 과일 케이크로 축하하기

준비물

완성작품

(1-2-2) 신기한 양갱

양갱 만들기

활동목표

여러 가지 색과 모양의 양갱을 만들 수 있다.

준비

도구·재료	팥앙금(백앙금, 팥앙금), 한천, 물, 여러 가지 견과, 몰드(틀), 주걱, 찍기 틀, 조각도
환경	큰 테이블 4개, 의자(인원수만큼)
대체 가능 일상재료	계절에 따른 각종 과일이나 견과류 사용

활동과정 및 방법

1. 물에 불린 한천에 앙금을 넣고 저어, 중간 불에 보글보글 거품이 일 때까지 끓여 양갱 액을 만든다.
2. 준비해 둔 틀에 끓인 양갱 액을 붓는다.
3. 넓은 판에 양갱 액을 얇게 부어 장식용으로 사용할 양갱을 만든다.
4. 얇게 굳은 양갱 판에 찍기 틀이나 조각도를 이용하여 장식할 모양을 만든다.
5. 틀에 부은 양갱의 표면에 막이 생길 정도로 굳으면 여러 가지 견과와 미리 만들어 놓은 장식용 양갱을 올려 장식한다.
6. 완성이 되면 양갱의 맛과 식감에 대해 이야기 나눈다.

활동 Tip

- 장식할 양갱 판을 0.5cm 두께로 색종이처럼 여러 가지 색으로 미리 만들어 두면 다양한 색과 모양을 표현할 수 있다.
- 백앙금에 여러 가지 색을 첨가하여 다양한 색의 양갱을 표현할 수 있다.
- 끓인 앙금 액이 뜨거우므로 화상에 각별히 주의한다.

난이도별 활동지침

상 재료의 특성을 이해하고 맛과 모양을 생각하며 주제를 정한다.
주제에 맞추어 순서를 정하고, 도구를 이용하여 창의적으로 표현한다.

중 정해진 주제에 대하여 활동 방법을 이해한다.
순서에 따라 표현한다.

하 정해진 순서에 따라 재료를 표현한다.
완성한 후 맛을 느껴 본다.

활동 관련 인지 단어

양갱	팥	팥앙금
달콤함	기억	백앙금
견과	주걱	뜨거움

※ (어떤 의미)에 중점을 둔 단어인지 설명한다.

교육적 효과

- 달콤한 맛에 대한 기억과 행복했던 기억을 회상할 수 있다.
- 여러 가지 색에 대한 인지능력을 향상시킬 수 있다.

수업 활동 과정

1. 앙금 끓이기

2. 틀에 끓인 앙금액 붓기

3. 찍기 틀이나 조각도로 장식할 양갱 만들기

4. 양갱 위에 장식하기

준비물

완성작품

(1-2-3) 감사한 마음을 담은 설기 꽃

설기 꽃 만들기

활동목표

떡을 이용하여 여러 가지 꽃을 만들어 감사의 마음을 표현할 수 있다.

준비

도구 · 재료	백설기, 따뜻한 절편, 면포(또는 키친타올), 천연색소, 밀대, 가위, 찍기 틀, 비닐장갑
환경	큰 테이블 4개, 의자(인원수만큼)
대체 가능 일상재료	계절에 따른 각종 과일이나 견과류 사용

활동과정 및 방법

1. 따뜻한 절편은 면포에 싸서 굳지 않도록 두고, 절편에 천연색소를 이용하여 원하는 색으로 물을 들인다.
2. 색을 들인 절편을 밀대로 밀어 0.3cm 두께로 납작하게 펴 준다.
3. 납작하게 편 절편을 찍기 틀이나 가위를 이용하여 원하는 모양의 꽃을 만든다.
4. 절편으로 만든 꽃이나 나뭇잎을 백설기 떡 위에 장식한다.
5. 설기꽃을 만든 소감을 이야기 나누고 마무리한다.

활동 Tip

- 백설기와 절편은 식지 않게 보온이 되는 통에 보관하여 활동이 시작될 무렵에 꺼내어 사용한다.
- 절편은 수분이 없으면 굳어져 표현이 어려우므로, 사용할 양 만큼만 꺼내어 두고, 나머지는 물을 적신 면포에 싸둔다.
- 치매 어르신의 경우 재료들을 섭취할 수 있으므로 유의한다.

난이도별 활동지침

상 재료의 특성을 이해하고, 완성된 모양을 생각하며 창의적으로 표현한다.
실생활에 적용할 수 있는 재료와 방법에 대해 탐색한다.

중 순서에 따라 재료를 표현한다.
실생활에 적용할 수 있는 재료들에 대해 이야기 나눈다.

하 활동 순서에 따라 표현한다.
완성한 후 맛을 느껴 본다.

활동 관련 인지 단어

감사	마음	카네이션
떡	절편	설기
꽃	나뭇잎	색깔

※ (어떤 의미)에 중점을 둔 단어인지 설명한다.

교육적 효과

- 고맙고 감사한 마음과 행복했던 기억을 상기시킬 수 있다.
- 절편 반죽을 주무르고, 밀대로 펴 보는 활동을 통하여 소근육을 사용할 수 있으며, 여러 가지 색에 대한 인지능력을 향상시킬 수 있다.

수업 활동 과정

1. 절편에 천연색소로 물들이기

2. 밀대로 납작하게 펴 주기

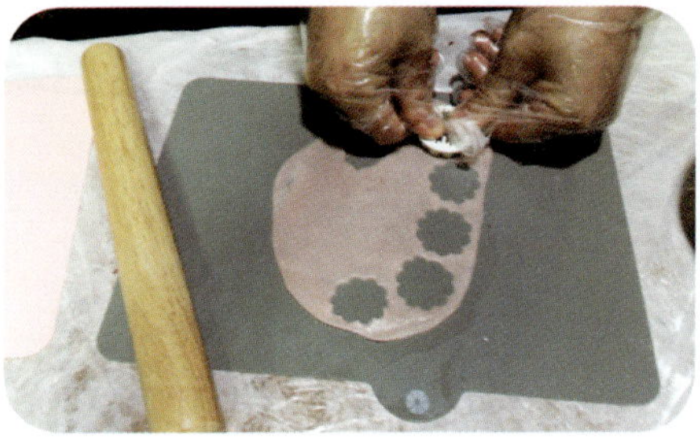

3. 찍기 틀이나 가위로 꽃, 나뭇잎 만들기

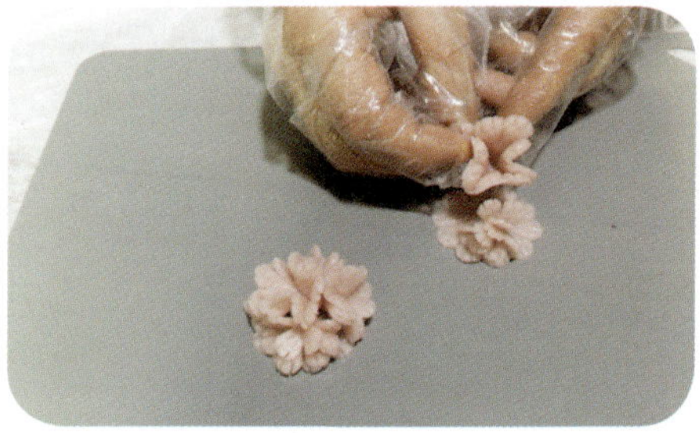

4. 꽃 모양 장식하기

준비물

완성작품

3) 주생활 중심 미술활동

주생활을 주제로 한 표현 활동은 자신이 생활했던 공간을 만들어 봄으로써 유년시절을 회상하며 행복함을 느끼게 한 것이다.

(1-3-1) 행복하고 아름다운 정원

예쁜 정원을 꾸며요!

활동목표

다육을 이용하여 자신만의 정원을 만들 수 있다.

준비

도구 · 재료	다육, 이끼, 흙, 색모래 또는 자갈, 미니어처(버섯, 무당벌레), 깔망, 일회용 플라스틱 컵, 플라스틱 스푼, 신문지 또는 바닥용 비닐
환경	큰 테이블 4개, 의자(인원수만큼)
대체 가능 일상재료	각종 모종 또는 식물, 수경재배용 식물 꾸미기, 텃밭 가꾸기

활동과정 및 방법

1. 밑바닥에 구멍을 뚫은 플라스틱 화기에 배수가 잘 되도록 깔망을 넣어 준다.
2. 작은 숟가락으로 마사토와 흙을 넣어 준다.
3. 마사토와 흙을 담은 화기에 다육을 심고, 플라스틱 스푼으로 흙을 덮어 준다.
4. 돌과 미니어처로 어울리게 꾸며 준다.
5. 완성된 정원을 보며 보고 싶은 사람에 대해 이야기 나눈다.

활동 Tip

- 다육이나 식물의 이름을 알려 주고, 식물의 성장에 대해 안내한다.
- 작은 숟가락을 이용하여 흙 담기에 용이하게 한다.
- 식물의 뿌리와 잎이 다치지 않도록 유의시킨다.

난이도별 활동지침

상 다육의 모양을 관찰하고, 화기에 보기 좋게 구성한다.
돌, 미니어처 등을 식물의 색과 크기에 맞추어 어울리게 꾸며 준다.

중 다육의 크기와 모양을 고려하여 화기에 배치한다.
돌, 미니어처 등을 화기 안에 꾸며 준다.

하 다육을 순서에 따라 천천히 화기에 담는다.
돌, 미니어처 등을 화기 안에 꾸며 준다.

활동 관련 인지 단어

정원	다육	식물
사랑	농사	모종
씨뿌리기	물주기	마사토, 흙

※ (어떤 의미)에 중점을 둔 단어인지 설명한다.

교육적 효과

- 농사를 지었던 경험을 회상하여 기억력을 향상시킬 수 있다.
- 양손의 감각 활동을 활발히 함으로써 좌·우뇌의 발달을 도모하여 인지적 능력을 향상시킬 수 있다.

수업 활동 과정

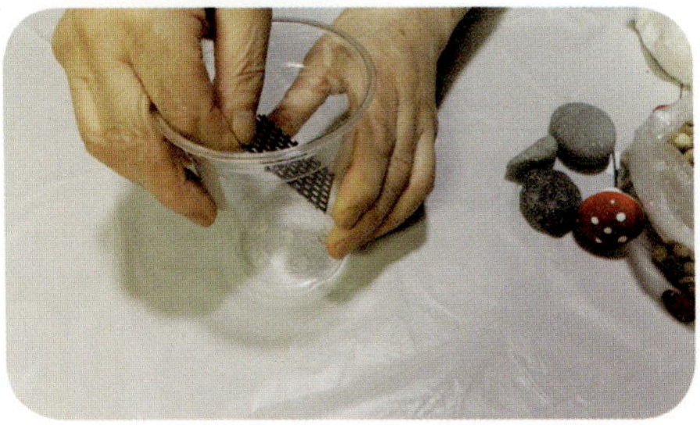

1. 화기에 깔망 넣기

2. 숟가락으로 마사토, 흙 넣기

3. 다육 넣고 뿌리에 흙 덮기

4. 자갈돌 및 미니어처 장식하기

준비물

완성작품

(1-3-2) 타일로 만든 주방용품

타일 모자이크 냄비 받침

활동목표

타일을 이용하여 모자이크로 받침을 만들 수 있다.

준비

도구·재료	색 타일, 시멘트, 망치, 핀셋, 신문지, 종이컵, 물, 우드판
환경	큰 테이블 4개, 의자(인원수만큼)
대체 가능 일상재료	쟁반, 거울 등으로 사용하기

활동과정 및 방법

1. 신문지 위에 타일을 놓고 망치로 조각을 낸다.
2. 핀셋을 이용하여 조각 낸 타일을 우드판 위에 배치해 본다.
3. 종이컵에 물과 시멘트를 5:2의 비율로 붓고 나이프나 막대로 저어 준 다음 우드판에 편평하게 부어 준다.
4. 시멘트를 부은 우드판에 핀셋으로 원하는 모양의 타일을 배치한다.
5. 완성된 타일 받침을 보며 사용할 용도에 대하여 이야기 나눈다.

활동 Tip

- 타일을 망치로 깨서 조각내는 과정에서 큰 소리가 날 수 있으므로, 소음에 대해 미리 안내한다.
- 망치로 타일을 조각낼 때 튈 수 있으므로, 신문지를 덮고 조금씩 조각내도록 한다.
- 타일을 망치로 조각내면서 평소에 쌓여 있던 스트레스를 해소해 보도록 한다.

난이도별 활동지침

상 모자이크 표현에 대해 이해하고 모자이크 표현을 통한 완성품의 예를 들 수 있다.
힘의 강약 조절을 통해 재료의 다양한 크기와 변화를 유도한다.

중 재료를 이용하여 순서에 따라 표현한다.
부수는 작업을 통해 스트레스의 해소와 근육의 이완을 느낄 수 있다.

하 재료를 이용하여 표현한다.
부수는 작업을 통해 스트레스의 해소와 근육의 이완을 느낄 수 있다.

활동 관련 인지 단어

모자이크	타일	받침
시멘트	물	망치
분노	강함	약함

※ (어떤 의미)에 중점을 둔 단어인지 설명한다.

교육적 효과

- 여러 가지 조각들을 구성해 봄으로써 면에 대한 이해와 구성 능력을 향상시킬 수 있다.
- 망치로 부수는 작업을 통해 평소 쌓였던 스트레스의 해소와 이완에 도움을 줄 수 있다.

수업 활동 과정

1. 신문지를 깔고 타일을 망치로 조각내기

2. 조각낸 타일을 우드판 모양 위에 배치해 보기

3. 물과 시멘트를 섞어 우드판에 붓기

4. 시멘트를 부은 우드판에 타일 붙이기

준비물

완성작품

(1-3-3) 종이 벽면 장식

종이 벽면 장식

활동목표

평소 하고 싶었던 이야기들을 적어 보고, 종이의 특성을 이용하여 아름답게 벽면을 장식할 수 있다.

준비

도구 · 재료	도화지, 색지, 칼, 풀
환경	큰 테이블 4개, 의자(인원수만큼)
대체 가능 일상재료	A4용지, 포스트잇

활동과정 및 방법

1. 자신이 느끼는 감정과 연상되는 색을 이야기한다.
2. 도화지에 원을 그리고 칼을 이용하여 반원을 오려 본다.
3. 오려진 도화지의 뒷면에 자신이 선택한 색지를 풀로 붙여 준다.
4. 반원을 위로 올리고, 색지에 하고 싶은 말이나 그림을 그린다.
5. 둥글게 말아 뒷면을 붙인 다음 벽에 붙여 완성한다.

활동 Tip

- 반원을 칼로 오려낼 때 반원보다 약간 윗면까지 절개하도록 한다.
- 여러 색을 이용하여 아름답게 벽면을 장식한다.
- 조명을 넣어 화려하게 장식한다.

난이도별 활동지침

상 콤파스나 동그란 물건을 사용하여 원을 그리고 절개한다.
감정과 연상되는 색을 찾아 붙이고, 하고 싶은 말을 글이나 그림으로 자유롭게 표현한다.

중 절개된 원 뒷면에 색지를 풀로 붙일 수 있다.
감정과 연상되는 색을 찾아보고, 하고 싶은 말을 그림이나 글로 간단히 표현한다.

하 절개된 뒷면에 포스트잇을 붙여 준다.
하고 싶은 말을 진행자에게 이야기하여 도움을 받는다.

활동 관련 인지 단어

도화지	색	기쁨
슬픔	화남	행복
즐거움	차가움	따뜻함

※ (어떤 의미)에 중점을 둔 단어인지 설명한다.

교육적 효과

- 평소 알지 못했던 자신의 감정이나 느낌을 알아차릴 수 있다.
- 색의 여러 가지 느낌을 알 수 있다.

수업 활동 과정

1. 반원 모양 그리고 자르기

2. 도화지 안쪽에 색지 붙이기

3. 색지에 글이나 그림 그리기

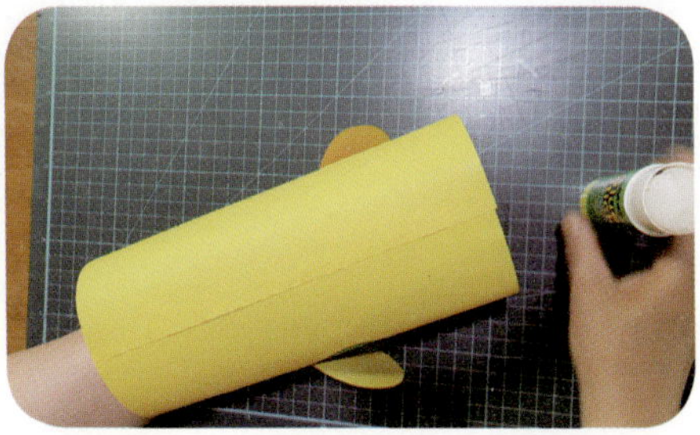

4. 둥글게 말기

준비물

완성작품

(1-3-4) 수경재배

수경재배

활동목표

폐품을 이용하여 화분을 만들고 수경 식물을 재배할 수 있다.

준비

도구·재료	PT병, 가위, 식물, 아크릴물감(또는 유성펜), 물통, 붓, 휴지
환경	큰 테이블 4개, 의자(인원수만큼)
대체 가능 일상재료	일회용 플라스틱 컵, 뿌리식물(고구마, 양파, 히아신스 등)

활동과정 및 방법

1. PT병을 원하는 크기대로 자른다.
2. 자른 PT병을 물감이나 유성 매직으로 꾸며 준다.
3. 식물은 화분에서 빼내어 물에 담가 주고, 뿌리를 다치지 않게 하여 흙이 없도록 씻어 준다.
4. PT병의 윗부분을 거꾸로 하여 뿌리를 넣고 고정시켜 준다.
5. 꾸민 PT병에 물을 넣고 식물을 넣어 마무리한다.

활동 Tip

- 크기가 큰 PT병을 반으로 잘라 사용해도 되고, 투명한 일회용 컵을 이용해도 된다.
- 식물은 뿌리를 미리 물에 담가 두어 흙이 깨끗이 씻어지도록 한 다.
- 식물의 뿌리가 다치지 않도록 조심해서 씻는다.

난이도별 활동지침

상 용도를 생각하며, 식물과 어울리는 그림을 창의적으로 표현한다.
수경재배에 대해 알고, 대체해서 사용할 수 있는 식물이나 재료에 대해 탐색한다.

중 그리고 싶은 그림을 PT병에 그린다.
수경재배할 수 있는 식물에 대해 알아본다.

하 비닐 컵에 유성 매직을 이용하여 마음대로 그린다.
식물을 PT병에 담는다.

활동 관련 인지 단어

수경재배	식물	폐품
뿌리	흙	물
가위	꽃	양파

※ (어떤 의미)에 중점을 둔 단어인지 설명한다.

교육적 효과

- 폐품을 이용하여 실생활에 필요한 물건을 만들어 쓸 수 있다.
- 수경재배를 통해 식물을 키움으로써 정서적 안정과 보람을 느낄 수 있다.

수업 활동 과정

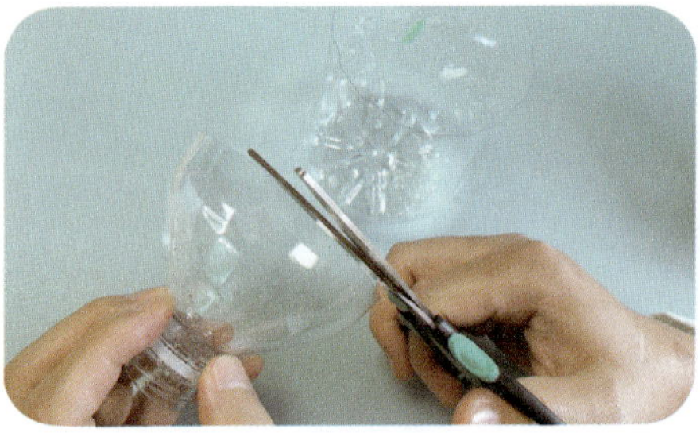

1. PT병을 자르기

2. 자른 PT병 꾸미기

3. 식물은 뿌리 씻어 담기

4. 꾸민 PT병에 넣기

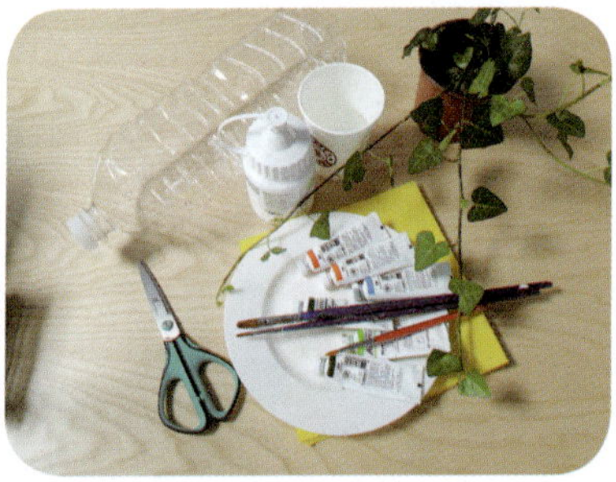

준비물

완성작품

4) 일상생활 중심 노인미술활동

일상생활을 주제로 한 표현 활동은 가족 간의 사랑을 느끼고 자신의 역할에 대해 자부심을 가지게 한다.

(1-4-1) 사랑 담은 달걀 꾸러미

어멈아, 달걀 사왔어!

활동목표

짚풀을 이용하여 달걀 꾸러미를 만들 수 있다.

준비

도구·재료	볏짚, 가위, 구운 달걀, 물 스프레이
환경	큰 테이블 4개, 의자(인원수만큼)
대체 가능 일상재료	비닐 끈, 지끈, 조소용 마 끈

활동과정 및 방법

1. 볏짚의 윗부분을 5cm 정도 남긴 다음, 지푸라기로 두 번 묶는다.
2. 볏짚을 가지런히 하고 달걀을 한 개 넣은 다음, 지푸라기로 두 번 묶는다.
3. 같은 방법으로 3개의 달걀을 넣어 달걀 꾸러미를 만든 다음, 달걀 꾸러미의 양쪽 끝을 가위로 가지런히 다듬어 준다.
4. 4개의 지푸라기로 손바닥을 비벼 새끼줄을 꼬아 만든다.
5. 꼬아서 만든 새끼줄을 달걀 꾸러미에 묶어 손잡이를 만든다.

활동 Tip

- 어린 시절을 회상하며, 볏짚으로 여치 집 등을 만들어도 된다.
- 볏짚에 적당한 물기가 있도록 스프레이로 뿌려 준다.
- 달걀은 터질 염려가 있으므로, 굽거나 찐 달걀을 사용한다.

난이도별 활동지침

상 볏짚을 이용하여 달걀 꾸러미 외에 다양한 짚풀 공예를 한다.
볏짚으로 만들 수 있는 일이나 물건에 대해 이야기한다.

중 볏짚을 이용하여 순서에 따라 달걀 꾸러미를 만든다.
볏짚에 대한 느낌을 이야기한다.

하 볏짚을 진행자의 지시에 따라 천천히 만든다.
볏짚의 향을 맡아 보고, 느낌에 대해 이야기한다.

활동 관련 인지 단어

달걀	짚	고향
시장	새끼줄	경험
찌다	굽다	개수

※ (어떤 의미)에 중점을 둔 단어인지 설명한다.

교육적 효과

- 젊은 시절을 회상하여 기억력을 향상시킬 수 있다.
- 양손의 감각 활동을 활발히 함으로써 좌·우뇌의 발달을 도모하여 인지적 능력을 향상시킬 수 있다.

수업 활동 과정

1. 볏짚을 지푸라기로 돌려 묶기

2. 달걀을 넣고 지푸라기로 돌려 묶기

3. 달걀 꾸러미의 마지막 부분 묶기

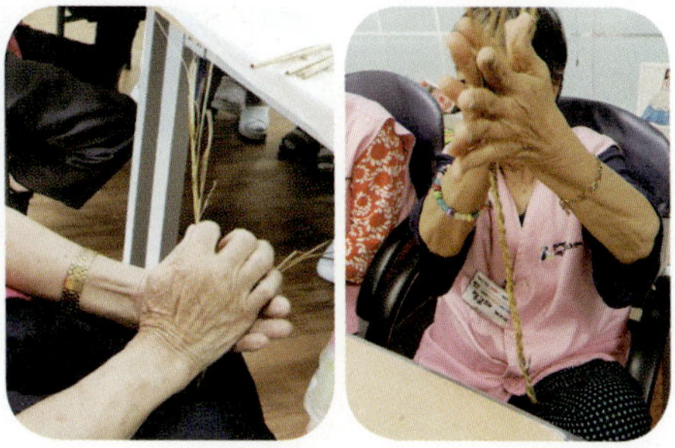

4. 새끼를 꼬아 손잡이 만들기

준비물

완성작품

(1-4-2) 나무 쌓기 공예

나뭇가지 이용 일상용품 만들기

활동목표

나뭇가지를 이용하여 생활에 필요한 물건을 창의적으로 표현할 수 있다.

준비

도구·재료	나뭇가지, 가위, 장갑, 목공용 본드(또는 글루건)
환경	큰 테이블 4개, 의자(인원수만큼)
대체 가능 일상재료	나무젓가락, 수수깡

활동과정 및 방법

1. 만들고 싶은 모양을 도화지에 간단히 그린다.
2. 그려진 그림을 보며, 필요한 재료(나뭇가지)를 가위로 정돈한다.
3. 완성될 모양을 예상하며, 천천히 나뭇가지를 쌓아 본다.
4. 쌓아 본 나뭇가지를 천천히 목공용 본드(또는 글루건)로 붙인다.
5. 완성된 작품을 보고, 서로의 생각을 이야기 나눈다.

활동 Tip

- 나뭇가지를 붙일 때 글루건을 사용하면 건조가 빨라 작품제작에 도움을 줄 수 있으나 화상에 유의한다.
- 천천히 쌓아 올려 제작할 경우 목공용 본드를 사용하여 실수를 줄이고, 심리적으로 안정감을 가질 수 있다.
- 가위 사용 시 안전에 유의한다.

난이도별 활동지침

상 나뭇가지의 모양을 이용하여 다양한 공예를 한다.
나뭇가지로 만들 수 있는 일이나 물건에 대해 이야기한다.

중 잘라 놓은 나뭇가지를 이용하여 순서에 따라 쌓기를 한다.
쌓은 나뭇가지를 목공용 본드로 붙인다.

하 나뭇가지를 진행자의 지시에 따라 차례대로 천천히 쌓아 본다.
나뭇가지를 진행자의 지시에 따라 차례대로 천천히 붙여 본다.

활동 관련 인지 단어

나무	나뭇가지	나뭇잎
뿌리	흙	물
햇빛	쌓다	붙이다

※ (어떤 의미)에 중점을 둔 단어인지 설명한다.

교육적 효과

- 차례대로 쌓아 올리는 과정을 통하여 순서를 정하고 실행함으로써 인지적 책략의 사용으로 균형감각과 인지능력을 향상시킬 수 있다.

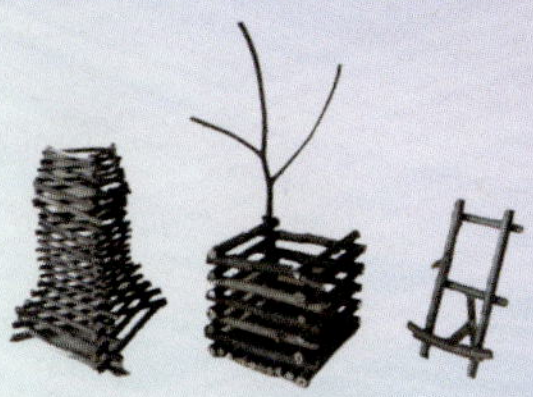

수업 활동 과정

1. 나뭇가지를 정돈하기

2. 필요한 크기에 따라 나뭇가지 자르기

3. 자른 나뭇가지를 크기대로 쌓아 보기

4. 쌓아 본 나뭇가지를 붙이기

준비물

완성작품

(1-4-3) 달걀판 꾸미기

달걀판 꾸미기

활동목표

물감의 혼색으로 색의 차이를 인지할 수 있으며, 명도단계를 알 수 있다.

준비

도구·재료	달걀판, 아크릴물감(또는 포스터칼라), 팔레트, 물통, 붓
환경	큰 테이블 4개, 의자(인원수만큼)
대체 가능 일상재료	메추리알판, 요거트 통

활동과정 및 방법

1. 달걀판에 들어간 부분을 흰색으로 칠한다.
2. 흰색으로 칠한 부분의 반대편에 원색을 색칠한다.
3. 흰색과 원색의 양을 반씩 혼색하여 중간 단계에 채색한다.
4. 차례대로 흰색이나 원색을 섞어 채색한다.
5. 완성한 작품을 모두 벽에 걸어 벽면을 장식한다.

활동 Tip

- 10칸씩 나누고 5단계로 채색한다.
- 물감 혼색 시 조금씩 차례대로 혼색하여 순서대로 채색하도록 안내한다.
- 명도단계와 보색에 대해 안내한다.

난이도별 활동지침

상 명도단계에 대해 이해하고, 차례대로 물감을 섞어 명도단계를 만든다.
실생활에 적용할 수 있는 재료에 대해 탐색한다.

중 진행자의 안내에 따라 순서대로 채색한다.
색의 변화를 느껴 본다.

하 달걀판에 마음에 드는 색으로 채색한다.
여러 가지 색으로 표현된 작품을 감상한다.

활동 관련 인지 단어

달걀	달걀판	달걀 꾸러미
명도	혼색	한색
난색	중간색	채도

※ (어떤 의미)에 중점을 둔 단어인지 설명한다.

교육적 효과

- 명도단계에 대해 알 수 있다.
- 달걀판에 아름답게 채색한 다음 방음벽으로 사용할 수 있다.

수업 활동 과정

1. 밝은색과 어두운색 칠하기

2. 중간색 만들어 색칠하기

3. 단계별로 섞어 채색하기

4. 여러 개의 작품 배치하기

준비물

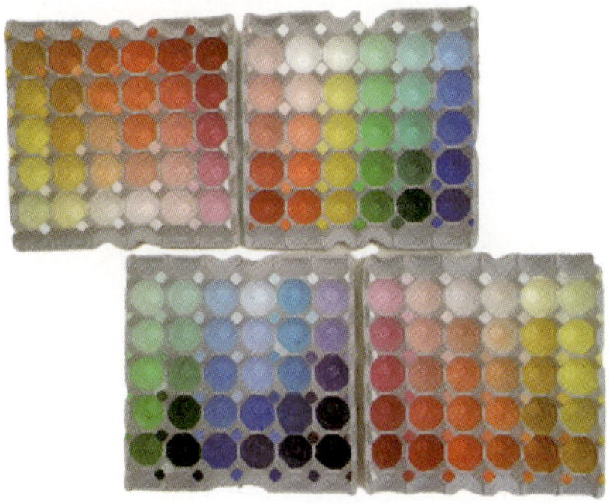
완성작품

(1-4-4) 페이스페인팅

페이스페인팅(타투)

활동목표

페이스페인팅 물감을 이용하여 신체의 일부분을 아름답게 장식할 수 있다.

준비

도구·재료	연필, 도화지, 지우개, 페이스페인팅 물감(또는 아크릴물감), 붓, 물통, 물티슈
환경	큰 테이블 4개, 의자(인원수만큼)
대체 가능 일상재료	아크릴물감, 판박이 스티커, 반짝이 풀, 메이크업 섀도우

활동과정 및 방법

1. 신체 중 아름답게 하고 싶은 부분을 정하고 도화지에 스케치한다.
2. 스케치한 그림을 보고 신체에 붓으로 스케한다.
3. 스케치한 부분을 물감으로 채색한다.
4. 어울리게 채색되었는지 살펴보고, 마무리한다.
5. 표현한 서로의 모습에 대해 이야기 나눈다.

활동 Tip

- 표현에 어려움이 있을 수 있으므로 여러 가지 모양의 그림이나 사진을 준비해 둔다.
- 반짝이 풀이나 스티커 등을 사용한다.
- 페이스페인팅 물감은 물로 잘 지워지지 않으므로 클렌징 크림 등을 준비한다.

난이도별 활동지침

상 페이스페인팅 물감을 사용하여 원하는 부분을 아름답게 장식한다.
반짝이 풀 또는 반짝이 스티커 등을 활용하여 개성 있게 표현한다.

중 페이스페인팅 물감으로 표현한다.
반짝이 풀이나 스티커를 사용한다.

하 판박이 등 스티커를 붙일 수 있다.
반짝이 스티커를 붙일 수 있다.

활동 관련 인지 단어

장식	아름다움	물감
스티커	반짝이 풀	타투
문신	얼굴	몸

※ (어떤 의미)에 중점을 둔 단어인지 설명한다.

교육적 효과

- 페이스페인팅으로 신체의 일부분을 아름답게 장식할 수 있다.

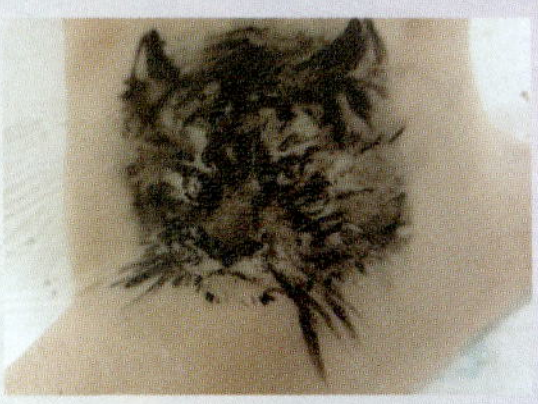

수업 활동 과정

1. 그릴 모양 스케치하기

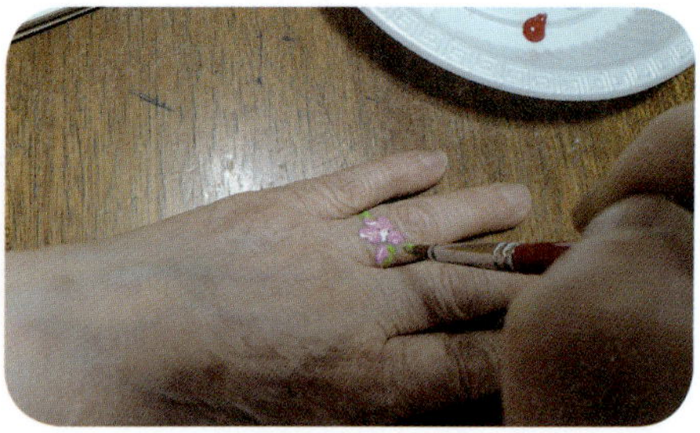

2. 붓으로 스케치하기

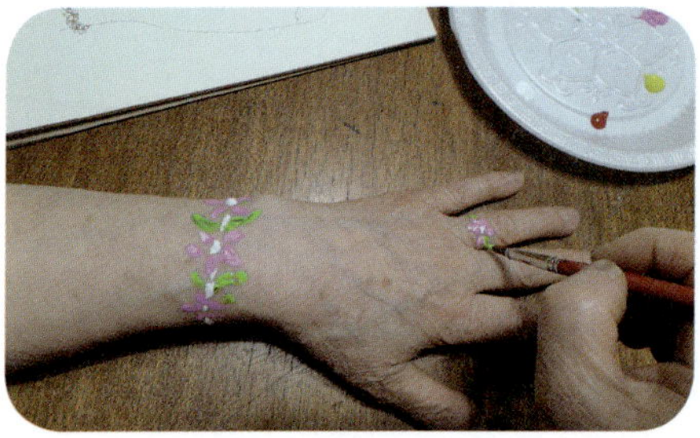

3. 채색하기

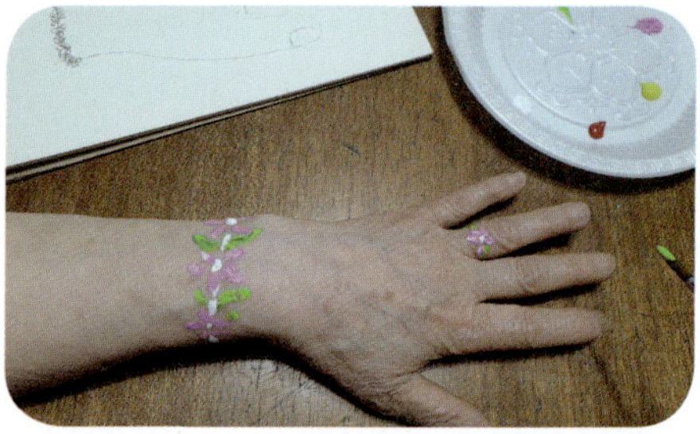

4. 마무리하기

준비물

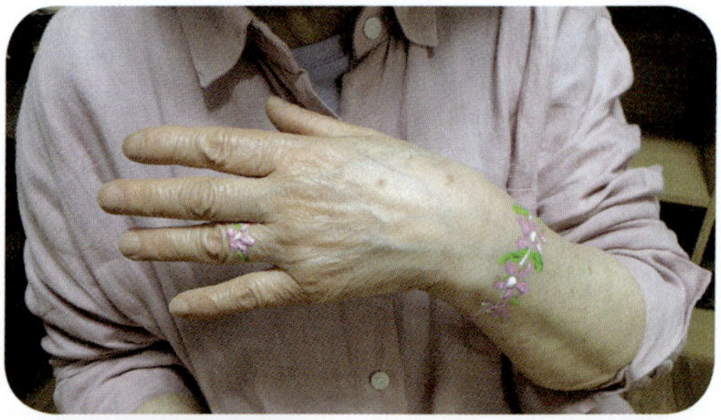

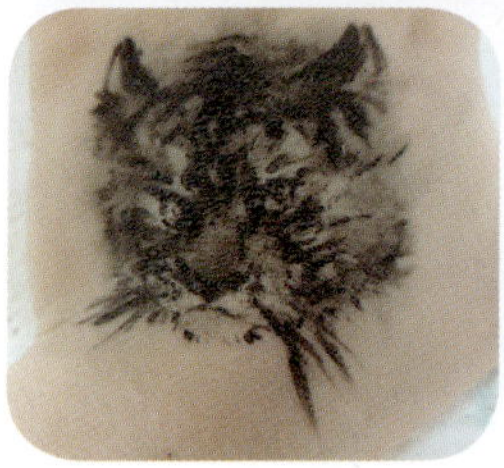

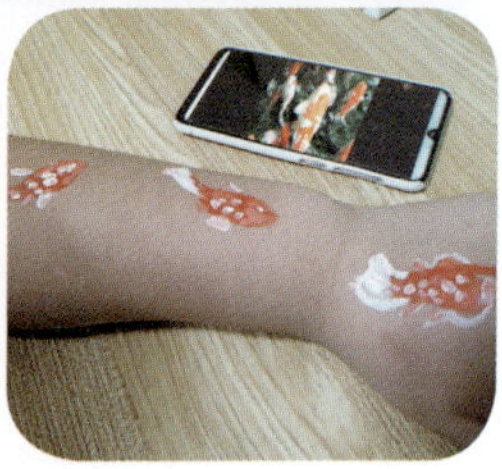

완성작품

(1-4-5) 나의 살던 고향은

나의 살던 고향은(사계절)

활동목표

젊은 시절에 경험했던 고향의 사계절을 회상해 보고, 연필꽂이에 사계절에 경험할 수 있는 일을 표현할 수 있다.

준비

도구·재료	연필, 지우개, 도화지, 연필꽂이(반제품), 아크릴물감, 팔레트, 붓
환경	큰 테이블 4개, 의자(인원수만큼)
대체 가능 일상재료	우유갑, 유성펜, 크레파스, 네임펜

활동과정 및 방법

1. 사계절을 생각하며 고향에서 보았거나 경험했던 것에 대해 연필로 스케치한다.
2. 연필꽂이에 연필로 스케치한다.
3. 아크릴물감을 이용하여 채색한다.
4. 네 면을 마무리한다.
5. 완성된 작품을 보며 고향에 대한 기억을 이야기 나눈다.

활동 Tip

- 아크릴물감은 옷에 묻으면 지워지지 않으므로 주의사항을 미리 전달한다.
- 붓으로 채색하기가 어렵다면 면봉을 이용한다.

난이도별 활동지침

상 사계절을 떠올리며 계절에 실시했거나 경험했던 모습을 생활화로 자세히 표현한다.
아크릴물감을 이용하여 원근감과 재질감 등을 표현한다.

중 사계절을 떠올리며 계절을 상징하는 물건이나 이미지를 간단히 표현한다.
아크릴물감을 이용하여 완성한다.

하 사계절을 상징하는 과일의 그림이나 스티커를 선택한다.
스티커를 연필꽂이에 붙여 본다.

활동 관련 인지 단어

사계절	봄	여름
가을	겨울	따뜻함
더위	시원함	추위

※ (어떤 의미)에 중점을 둔 단어인지 설명한다.

교육적 효과

- 유년시절을 회상하여 기억력을 향상시킬 수 있다.
- 사계절을 회상하고 기억해 봄으로써 계절과 지나온 시간에 대한 회고와 미래에 대한 생각을 해 볼 수 있다.

수업 활동 과정

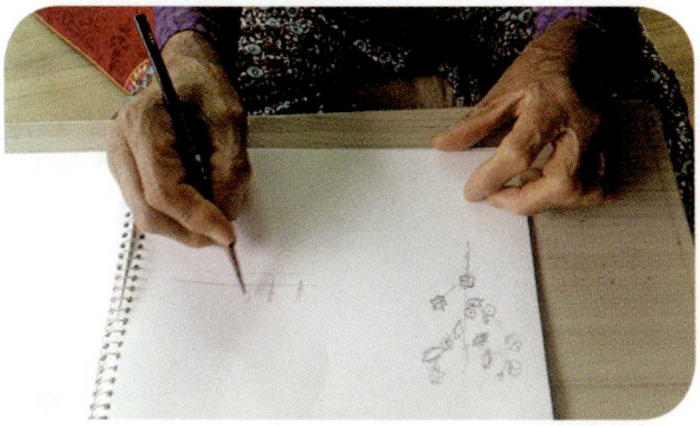

1. 스케치하기

2. 연필꽂이에 스케치하기

3. 채색하기

4. 마무리하기

준비물

완성작품

2. 순수미술 중심 노인미술활동

순수미술 중심의 인지·감각 융합 미술프로그램의 주제는 입체조형활동, 평면조형활동, 공예활동 등 세 가지를 구성하였다. 이러한 활동은 노인들이 유년시절 또는 학창시절에 경험해 보지 못했던 미술교육을 경험해 보도록 한 것이다.

세 가지 순수미술 중심 프로그램의 구체적인 설정 이유는 다음과 같다.

첫째, 입체조형활동은 인생의 흔적이 담겨져 있는 자신의 손뜨기 조형활동과 고된 삶의 흔적을 지울 수 있는 티슈케이스를 제작해 봄으로써 노인 자신의 삶의 여정을 되돌아 성찰하면서 자아를 재발견하게 하고, 열심히 살아온 자신에게 고마움을 느끼게 할 수 있다.

둘째, 평면조형활동은 사실적인 표현에 거부감이나 흥미를 느끼지 못하는 노인들도 거품을 이용해서 우연한 효과를 내는 그림 표현을 할 수 있고, 좌뇌와 우뇌를 고루 사용할 수 있는 그리기를 통하여 치매 현상도 예방하고 아름다운 형상을 자유롭게 표현할 수 있도록 한 것이다. 또한 군방도와 관폭도, 조어도, 탁족도 그리기는 전통회화에서 친밀감을 느끼게 하고 유유자적하는 삶의 여유를 가지게 할 수 있다.

셋째, 공예활동은 한지 공예 등불과 마른 꽃을 이용한 하바리움 만들기를 통하여 시니어아트 상품 제작으로 부가가치를 창출할 수 있을 뿐 아니라 노인도 사회를 밝혀 주는 역할자가 될 수 있다는 자부심을 가지게 한다. 또한 이러한 공예 조형활동은 심리적 안정감과 일상의 행복과 즐거움을 줄 수 있다.

1) 입체조형활동

입체조형활동을 통해 평소 경험해 보지 못한 조소 활동과 회화와 융합한 만들기를 경험하면서 삶의 흔적도 찾으면서 자아를 재발견하게 된다.

(2-1-1) 나의 인생 나의 손!

석고 붕대로 뜬 나의 손!

활동목표

나의 인생에서 손의 중요성을 인식하고, 석고 붕대를 이용하여 손을 표현할 수 있다.

준비

도구·재료	석고붕대, 종이컵 2개, 바셀린, 아크릴물감(금색), 붓, 일회용 접시
환경	큰 테이블 4개, 의자(인원수만큼)
대체 가능 일상재료	종이죽, 석고, 파라핀, 한지

활동과정 및 방법

1. 손에 핸드크림이나 바세린크림을 엷게 바른다.
2. 물이 담긴 종이컵에 자른 석고 붕대를 적셔 주고, 바셀린을 바른 손 위에 올려 준다.
3. 손에 올려 놓은 석고 붕대의 석고 가루가 잘 펴지도록 손으로 문지른다.
4. 손 전체에 석고 붕대를 바르고, 따뜻한 느낌이 든 다음, 다시 식을 때 천천히 석고를 뗀다.
5. 금색 아크릴물감으로 손 모양의 석고 전체를 채색하여 완성한다.

활동 Tip

- 석고의 굳는 시간을 고려하여 편안한 자세를 취하도록 한다.
- 석고가 굳으면 손을 뒤집어 손가락이 빠져나오기 쉽도록 손가락 끝부분을 조금씩 벌려 주고 분리한다.
- 석고붕대를 0.5cm 정도 겹치게 하여 손에 붙인다.

난이도별 활동지침

상 석고붕대의 특성을 이해하고, 가위를 이용하여 석고붕대를 손에 붙이기 용이한 크기(가로 3cm, 세로 5cm)로 자른다.
굳어진 석고붕대를 떼어 내고, 원하는 색으로 채색하여 완성한다.

중 석고붕대의 특성을 이해하고, 재료를 준비한다.
진행자의 도움을 받아서 석고붕대를 떼어 내고, 채색하여 완성한다.

하 석고붕대를 제대로 붙이지 못한다.
손 모양의 완성도가 낮고 원하는 채색을 하지 못한다.

활동 관련 인지 단어

손	석고	악수
고마움	직업	젊은 시절
자녀	부모님	차가움

※ (어떤 의미)에 중점을 둔 단어인지 설명한다.

교육적 효과

- 석고의 특성(따뜻함, 차가움)을 피부의 촉각으로 느끼고 이해할 수 있다.
- 자신의 신체 일부분을 석고 뜨기를 통하여 표현해 봄으로써 자존감을 향상시킬 수 있다.

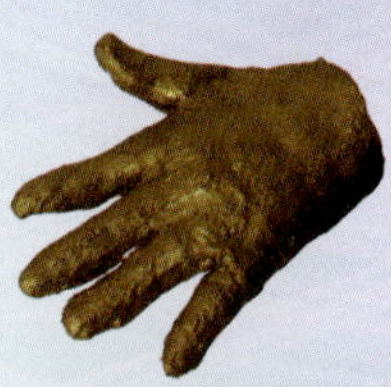

수업 활동 과정

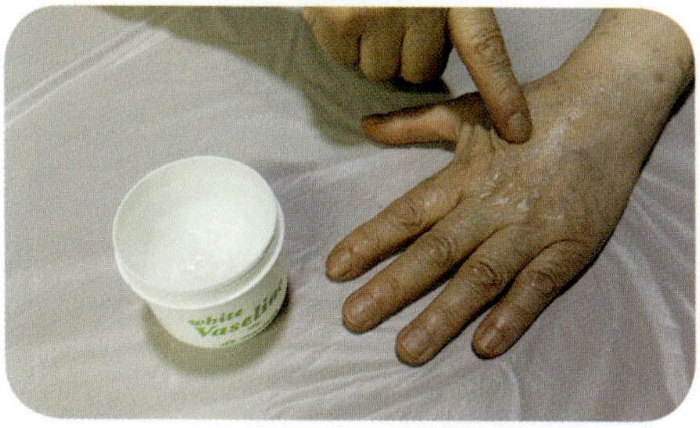

1. 손에 바세린 크림 바르기

2. 자른 석고 붕대를 물에 적시기

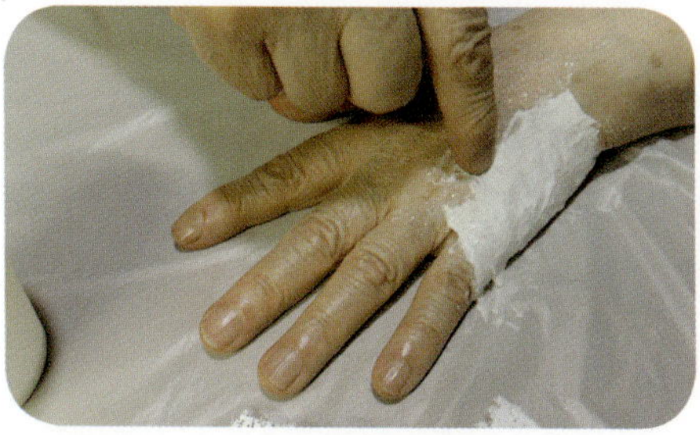

3. 물에 적신 석고 붕대를 손에 올리고 문지르기

4. 손등 전체에 석고 붕대 붙여 문지르고 굳히기

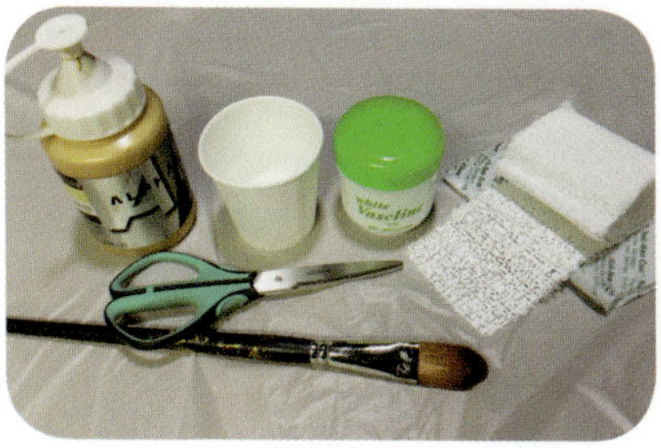

준비물

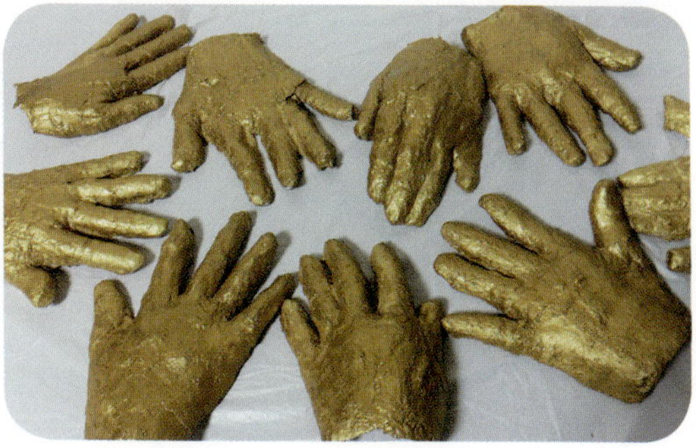

완성작품

(2-1-2) 선을 이용한 티슈 케이스

티슈 케이스

활동목표

선을 이용한 드로잉 표현을 알고, 여러 가지 색과 선을 이용하여 티슈케이스를 만들 수 있다.

준비

도구·재료	티슈, 우드락 보드, 칼, 깔개, 자, 접착제(우드락 보드용 접착제), 접착 띠테이프
환경	큰 테이블 4개, 의자(인원수만큼)
대체 가능 일상재료	• 티슈상자를 아크릴물감으로 채색하고 말린 다음 띠테이프나 물감으로 채색하고, 티슈를 넣어 사용 • PT병을 이용하여 둥근 모양의 케이스 사용

활동과정 및 방법

1. 우드락 보드에 자를 이용하여 티슈상자를 제도한다.
2. 제도한 우드락 보드를 접착제를 이용하여 붙여 티슈상자를 만든다.
3. 만들어진 티슈상자에 띠테이프로 드로잉할 부분을 디자인한다.
4. 티슈상자에 띠테이프로 붙여 표현한다.
5. 티슈가 나올 부분을 생각하며, 완성한다.

활동 Tip

- 티슈상자를 아크릴물감으로 채색하여 제작한다.
- 티슈상자의 크기에 0.5cm를 더하여 제도한다.
- 칼 사용 시 주의한다.

난이도별 활동지침

상 용도를 생각하고 색과 모양을 고려하여 창의적으로 티슈상자를 디자인한다.
용도에 맞추어 제도 및 재단한다.

중 재단한 재료를 붙여 티슈 상자를 만든다.
테이프를 이용하여 티슈상자를 꾸민다.

하 반제품 티슈상자에 테이프를 이용하여 상자를 꾸민다.
완성 후 느낌을 이야기한다.

활동 관련 인지 단어

휴지	테이프	가위
붙이다	자르다	만들다
닦다	보관	청결

※ (어떤 의미)에 중점을 둔 단어인지 설명한다.

교육적 효과

- 다양한 재료의 드로잉 표현을 알고, 실생활에서 활용할 수 있도록 한다.

수업 활동 과정

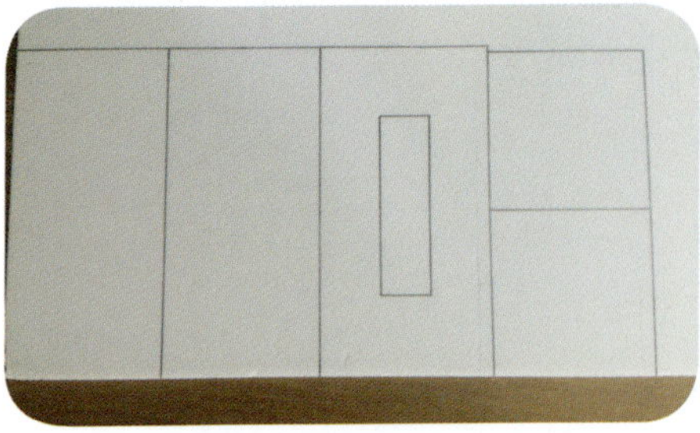

1. 우드락 보드에 티슈상자 제도하기

2. 제도한 보드를 칼로 자르기

3. 자른 보드를 접착제로 붙이기

4. 띠테이프를 이용하여 드로잉하기

준비물

완성작품

(2-1-3) 프로타주 잎나무

프로타주(나무)

활동목표

나뭇잎을 색연필로 문질러 프로타주 기법을 체험해 보고 나뭇가지에 붙여 화분을 만들 수 있다.

준비

도구 · 재료	나뭇잎, 나뭇가지, 반 자른 종이컵, 이끼(또는 돌), 폐골판지, 색연필, 가위, 목공용 본드
환경	큰 테이블 4개, 의자(인원수만큼)
대체 가능 일상재료	색지, 우드락 보드, 액자

활동과정 및 방법

1. 도화지 밑에 나뭇잎을 넣고 색연필로 문지른다.
2. 문질러 표현된 나뭇잎 모양을 가위로 오려낸다.
3. 오려낸 나뭇잎에 목공풀로 풀칠하여 나뭇가지에 붙인다.
4. 종이컵의 옆면을 반 자른 다음 골판지에 붙여 화분 모양이 되도록 세운다.
5. 종이컵 화분 안에 꾸민 나뭇가지를 넣고 고정시켜 완성한다.

활동 Tip

- 도화지가 두꺼우면 문질렀을 때 형태가 잘 나타나지 않으므로 약간 얇은 도화지를 이용한다.
- 색도화지(A4)를 이용하면 나뭇잎 채색의 완성도를 높일 수 있다.

난이도별 활동지침

상 반 자른 종이컵을 골판지에 붙일 때 세워지는 액자의 모양이 되도록 스스로 전략을 세우고 실행한다.
나뭇잎과 나무를 원하는 모양대로 표현한다.

중 반 자른 종이컵을 진행자의 안내에 따라 붙일 수 있다.
나뭇가지에 표현한 나뭇잎을 붙일 수 있다.

하 나뭇잎을 색연필로 프로타주한다.
가위로 오려낸 나뭇잎을 풀칠하여 나뭇가지에 붙일 수 있다.

활동 관련 인지 단어

화분	액자	프로타주
문지르기	오리기	붙이기
장식하기	도화지	색연필

※ (어떤 의미)에 중점을 둔 단어인지 설명한다.

교육적 효과

- 프로타주 기법을 이용하여 나뭇잎을 표현해 봄으로써 사물 표현에 대한 부담감을 줄일 수 있다.
- 사물을 문질러 표현해 봄으로써 사물의 재질감을 느껴 볼 수 있다.

수업 활동 과정

1. 나뭇잎 프로타주하기

2. 가위로 오리기

3. 나뭇잎 붙이기

4. 종이컵 붙여 세우기

준비물

5. 나뭇잎 붙이기 및 완성

(2-1-4) 점토로 자소상 만들기

자소상

활동목표

점토(조형토)의 특성을 알고, 나의 모습을 흙으로 표현할 수 있다.

준비

도구·재료	철사, 노끈, 가위, 점토(조형토), 조각도, 물, 비닐깔개
환경	큰 테이블 4개, 의자(인원수만큼)
대체 가능 일상재료	지점토, 천사점토, 클레이 점토

활동과정 및 방법

1. 철사를 이용하여 뼈대를 만든다.
2. 철사로 만든 뼈대를 노끈으로 감아 점토가 잘 붙도록 한다.
3. 점토를 만져 보고 흙의 촉감을 느껴 본다.
4. 노끈으로 감싼 뼈대에 점토를 붙인다.
5. 조각도를 이용하여 세부묘사하여 완성한다.

활동 Tip

- 두께가 있고 유연성이 좋은 철사를 사용하여 뼈대 만들기를 용이하게 할 수 있다.
- 그늘에서 말린 후 흙에 구워 테라코타로 표현할 수 있다.
- 작품이 마른 후 아크릴물감으로 채색할 수 있다.

난이도별 활동지침

상 흙과 조각도의 특성을 알고 자신의 모습을 개성 있게 표현한다.
점토 외의 활용 가능한 재료에 대해 탐색한다.

중 재료의 특성을 이해하고 두상을 표현한다.
조각도를 사용하여 세부 묘사를 한다.

하 만들어진 뼈대에 점토를 붙여 본다.
조각도로 눈, 코, 입, 머리를 표현한다.

활동 관련 인지 단어

흙	철사	노끈
뼈대	머리	얼굴
눈	코	입

※ (어떤 의미)에 중점을 둔 단어인지 설명한다.

교육적 효과

- 점토 활동을 함으로써 촉감을 자극할 수 있다.
- 흙을 두드리고 만지는 활동을 통해 대소근육을 사용함으로써 근육의 사용을 촉진할 수 있다.

수업 활동 과정

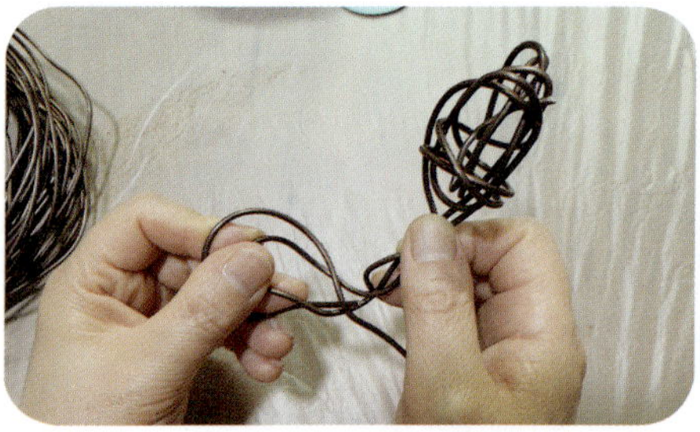

1. 철사로 뼈대 만들기

2. 노끈으로 철사 감싸기

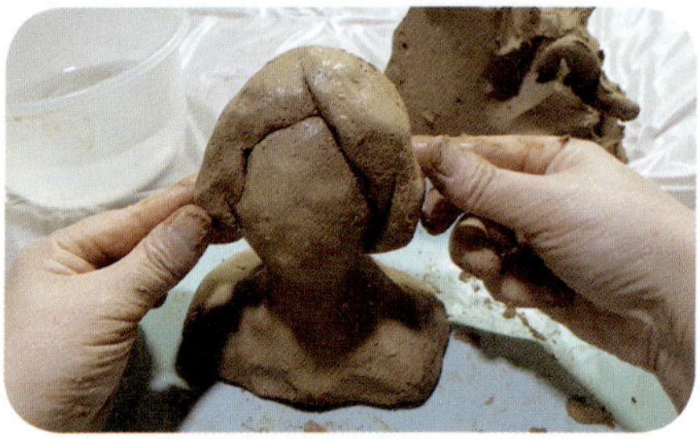

3. 점토 붙이기

4. 조각도로 세부묘사하기

준비물

완성작품

(2-1-5) 나의 전각

전각

활동목표

전각의 특성을 알고 나만의 전각을 만들 수 있다.

준비

도구 · 재료	연필, 지우개, 사인펜, 도화지, 전각돌, 조각도, 인주
환경	큰 테이블 4개, 의자(인원수만큼)
대체 가능 일상재료	고무판, 목판, 우드락 폼보드, 스티로폼, 감자, 고구마, 무 등

활동과정 및 방법

1. 전각돌의 크기대로 도화지에 글씨를 써 본다.
2. 도장은 찍으면 좌우가 바뀌므로 뒤집어서 글씨를 써 본다.
3. 조각도로 새겨 본다.
4. 인주를 이용하여 화선지에 찍는다.
5. 보정할 부분이 있는지 확인하고 마무리한다.

활동 Tip

- 도장은 좌우가 바뀌므로 거울 등을 이용하여 좌우가 바뀐 모습을 전달할 수 있다.
- 도화지에 글씨를 쓰고 사인펜으로 찍어 좌우가 바뀐 것을 다시 도장에 찍어 글씨 표현에 용이하도록 한다.

난이도별 활동지침

상 판화의 원리를 이해하고 창의적으로 표현한다.
전각돌 외에 실생활에서 활용할 수 있는 재료들에 대해 탐색한다.

중 진행자의 안내에 따라 천천히 자신의 이름을 아름답게 표현한다.
석고판이나 우드락 판을 이용하여 판화로 표현한다.

하 스티로폼이나 우드락 폼보드에 연필로 글이나 그림을 표현한다.
물감이나 인주를 묻혀 찍는다.

활동 관련 인지 단어

전각	도장	낙관
호	아호	이름
새김	조각도	인주

※ (어떤 의미)에 중점을 둔 단어인지 설명한다.

교육적 효과

- 판화의 원리를 이해할 수 있다.
- 전각을 만들어 봄으로 낙관에 대해 알 수 있다.

수업 활동 과정

1. 전각돌의 크기에 맞춰 글자 써 보기

2. 사인펜으로 뒤집어서 쓰기

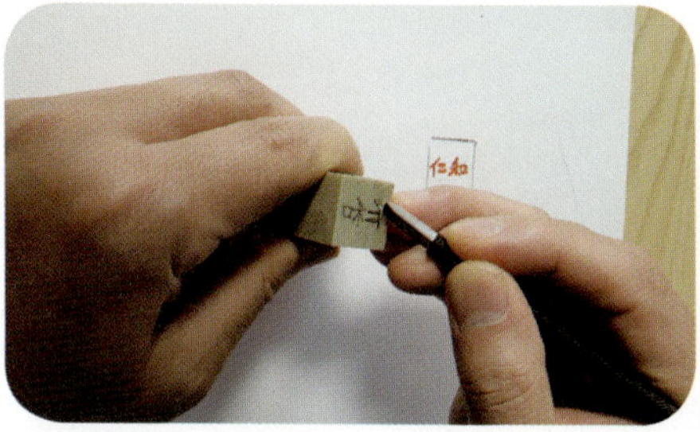

3. 조각도로 새기기

4. 마무리하기

준비물

완성작품

2) 평면조형활동

평면조형활동은 물감 사용을 쉽고 자유롭게 사용하게 하여 미술활동이 어렵다는 선입견을 없애고 흥미롭게 표현할 수 있도록 한 것이다.

(2-2-1) 신기한 거품 그림

거품 그림

활동목표

빨대를 이용하여 거품을 만들고, 어울리는 그림을 표현할 수 있다.

준비

도구·재료	종이컵, 물감, 빨대, 주방용 세제, 도화지, 색연필 또는 사인펜
환경	큰 테이블 4개, 의자(인원수만큼)
대체 가능 일상재료	비눗방울 세트, 손으로 직접 거품 만들어 찍기, 핑거 페인팅, 세이빙 폼 페인팅

활동과정 및 방법

1. 종이컵에 주방용 세제와 물감을 넣고, 빨대로 저어 준 다음 불어서 거품을 만든다.
2. 도화지를 이용하여 거품을 찍어 낸다.
3. 다른 색의 거품도 여러 방향으로 찍어 준다.
4. 사인펜과 색연필을 이용하여 찍어낸 거품 그림에 어울리는 그림을 그린다.

활동 Tip

- 빨대 사용 시 흡입하지 않도록 안전에 유의한다.
- 빨대로 거품을 걷어 도화지에 올려 거품의 모양이 다양하게 표현되도록 유도한다.

난이도별 활동지침

상 만들어질 거품의 크기를 구상하고, 도화지의 방향을 다양하게 하여 찍어낸다.
거품 그림에서 연상되는 것을 이야기하고, 구도를 고려하여, 창의적으로 표현한다.

중 거품 위에 도화지를 덮어 거품을 찍어낸다.
거품 그림에서 연상되는 것을 어울리게 표현한다.

하 종이컵에 담긴 물감과 세제를 저어 주고, 빨대로 분다.
거품 위에 도화지를 덮어 찍어낸다.

활동 관련 인지 단어

거품	빨대	비눗방울
목욕	설거지	청소
파도	놀이	풍선

※ (어떤 의미)에 중점을 둔 단어인지 설명한다.

교육적 효과

- 유년시절을 회상하여 기억력을 향상시킬 수 있다.
- 빨대 불기를 통하여 폐 기능을 향상시킬 수 있다.
- 우연성에 의한 표현을 이용하여 창의력을 발전시킬 수 있다.

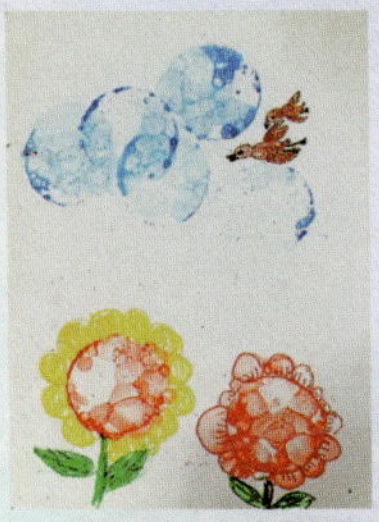

수업 활동 과정

1. 종이컵에 물감과 세제를 넣고 빨대로 불기

2. 도화지로 거품 찍기

3. 여러 색으로 찍고 모양을 관찰하기

4. 거품 그림에 연상되는 것을 어울리게 표현하기

준비물

완성작품

(2-2-2) 좌뇌와 우뇌로 그리기

좌뇌와 우뇌로 그리기

활동목표

좌뇌와 우뇌를 사용하여 물체를 관찰하고 표현할 수 있다.

준비

도구·재료	정물, 8절 도화지(2장), 연필
환경	큰 테이블 4개, 의자(인원수만큼)
대체 가능 일상재료	볼펜, 나무젓가락, 나뭇가지 등 사용

활동과정 및 방법

1. 평소 주로 사용하는 손과 덜 사용하는 손에 대해 이야기 나눈다.
2. 정물을 천천히 관찰한다.
3. 시선을 정물에 두고, 많이 사용하지 않는 방향(예를 들어 왼손)의 손으로 연필을 이용하여 스케치한다.
4. 정물을 바라보고, 반대편의 손으로 천천히 스케치한다.
5. 각각의 그림을 그릴 때의 느낌을 이야기 나눈다.

활동 Tip

- 예시작품을 제시함으로써 표현에 대한 부담감을 줄여 심리적 안정감을 줄 수 있다.
- 시선을 정물에 두고, 스케치가 끝난 다음 화지를 확인하도록 미리 안내한다.

난이도별 활동지침

상 눈으로 화지를 확인하지 않아도 크기를 조절할 수 있음을 인지하고 그리기의 책략을 사용하여 표현한다.
왼손과 오른손 사용의 차이를 느낄 수 있다.

중 사용하지 않는 손으로 표현한다.
사용하는 손으로 표현해 보고, 느낌의 차이를 알 수 있다.

하 사용하지 않는 손으로 표현한다.
사용하는 손으로 표현한다.

활동 관련 인지 단어

오른손	왼손	우뇌
좌뇌	정물	순서
도화지	연필	관찰

※ (어떤 의미)에 중점을 둔 단어인지 설명한다.

교육적 효과

- 평소 사용하지 않던 손을 사용해 봄으로써 좌뇌와 우뇌를 사용해 볼 수 있다.
- 시선을 정물에 두고 천천히 관찰하고 계산해 봄으로써 관찰력을 향상시키며, 표현에 대한 부담감을 줄여 줄 수 있다.

수업 활동 과정

1. 정물 관찰하기

2. 정물을 보고, 사용하지 않는 손으로 표현하기

3. 그린 정물 관찰하기

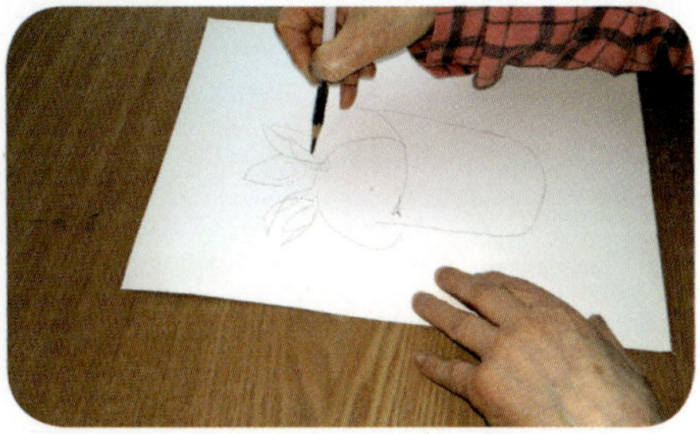

4. 사용하는 손으로 표현해 보기

준비물

5. 두 장의 작품 비교해 보기

(2-2-3) 군방도 그리기

군방도

활동목표

군방도에 대해 이해하고, 신문지 찍기를 통해 자유롭게 표현할 수 있다.

준비

도구 · 재료	화선지, 신문지, 고무줄, 물감, 팔레트, 붓, 물통
환경	큰 테이블 4개, 의자(인원수만큼)
대체 가능 일상재료	아크릴물감이나 염색 물감을 사용하여 옷이나 가방 등에 사용

활동과정 및 방법

1. 신문지를 돌돌 말아 고무줄로 묶는다.
2. 돌돌 말은 신문지에 물감을 묻혀 화지에 찍는다.
3. 찍어 준 그림과 어울리는 배경을 붓으로 그리고 채색한다.
4. 그림과 어울리는 화제를 써 본다.

활동 Tip

- 신문지를 말 때 풀어지지 않도록 고무줄로 단단히 묶는다.
- 신문지의 크기를 조절하여 큰 것, 중간 것, 작은 것 등 자유롭게 표현될 수 있도록 한다.
- 염색 물감이나 아크릴물감을 옷감 등에 찍어 패브릭으로 사용할 수 있다.

난이도별 활동지침

상 주제를 정하여 창의적으로 표현한다.
화제를 표현한다.

중 신문지의 크기를 조절하여 여러 가지 크기의 꽃을 표현한다.
꽃과 어울리는 배경을 표현한다.

하 돌돌 말은 신문지 찍기를 통해 꽃을 표현한다.
꽃과 어울리는 줄기나 나뭇잎을 표현한다.

활동 관련 인지 단어

군방도	무리	꽃
아름답다	예쁘다	귀엽다
신문지	찍다	그리다

※ (어떤 의미)에 중점을 둔 단어인지 설명한다.

교육적 효과

- 신문지를 말고 고무줄로 묶는 과정을 통해 양손의 근육을 사용할 수 있다.
- 신문지 찍기를 통해 꽃 그리기에 대한 부담을 줄여, 자유롭게 표현할 수 있다.

수업 활동 과정

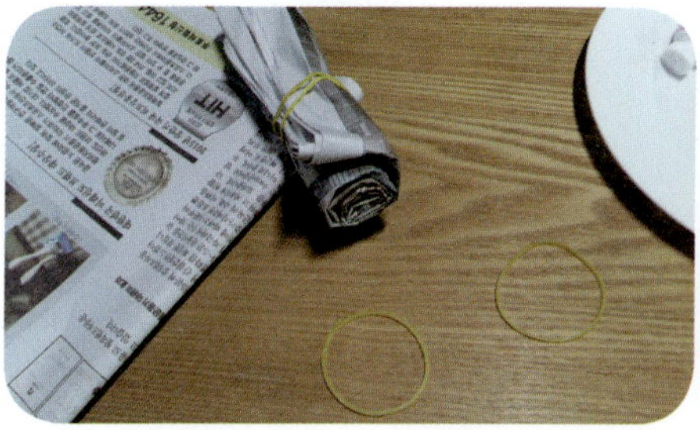

1. 신문지 말아 고무줄로 묶기

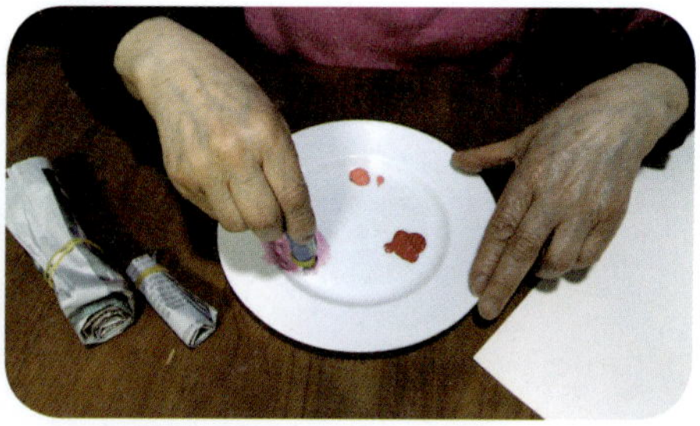

2. 물감 묻히기

3. 크고 작은 꽃 찍기

4. 어울리는 그림 그리기

준비물

완성작품

(2-2-4) 관폭도 그리기

관폭도

활동목표

폭포를 보았던 경험과 느낌을 이야기하고, 관폭도를 표현할 수 있다.

준비

도구·재료	도화지, 폼보드, 먹물, 팔레트, 물통, 붓
환경	큰 테이블 4개, 의자(인원수만큼)
대체 가능 일상재료	화지로 화선지나 소포지 사용

활동과정 및 방법

1. 도화지를 손으로 구기고 다시 펴 본다.
2. 구겼다 편 화지의 느낌에 대해 이야기 나누고, 붓에 먹물을 묻혀 바위와 폭포를 표현한다.
3. 수채화 물감을 이용하여 어울리게 채색한다.
4. 폼보드에 그림을 붙여 두께감이 표현되도록 한다.

활동 Tip

- 너무 두꺼운 도화지를 쓰면 구기기가 불편하므로 일반적으로 사용하는 두께의 도화지를 사용한다.
- 도화지를 구길 때 천천히 구기고, 펴기를 여러 번 실시하여 종이가 찢어지지 않도록 한다.

난이도별 활동지침

상 주제를 생각하며 화지의 구김을 의도하여 표현한다.
주제 표현에 따라 화제를 쓸 수 있다.

중 화지를 구기고 펼 수 있다.
재료를 이용하여 폭포를 표현한다.

하 안내(순서)에 따라 천천히 화지를 구기고 펴는 활동을 한다.
붓을 이용하여 자유롭게 그리거나 채색한다.

활동 관련 인지 단어

관폭도	폭포	바위
물	나무	도화지
거칠다	부드럽다	시원하다

※ (어떤 의미)에 중점을 둔 단어인지 설명한다.

교육적 효과

- 종이를 구기고 펴는 과정을 통해 종이의 성질을 이해할 수 있다.
- 양손으로 구기고 펴는 과정을 통해 손가락 근육을 자유롭게 사용할 수 있다.

수업 활동 과정

1. 화지 구기기

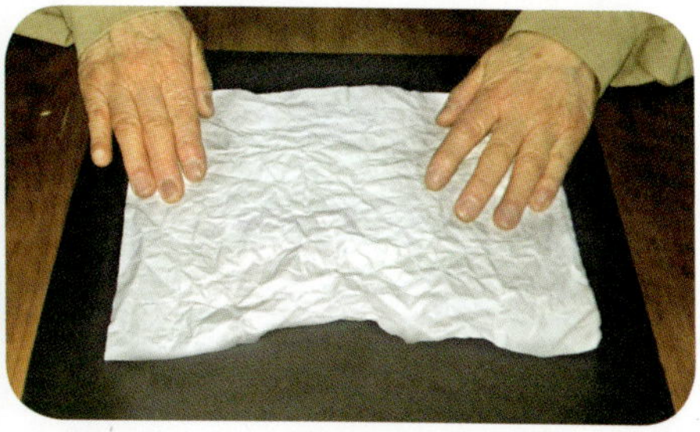

2. 화지 펴기

3. 먹물로 스케치하기

4. 수채물감으로 채색하기

준비물

완성작품

(2-2-5) 조어도 그리기

조어도

활동목표

조어도에 대해 이해하고, 물과 수채물감의 번짐을 이용하여 자유롭게 표현할 수 있다.

준비

도구 · 재료	도화지, 수채물감, 물통, 붓(두꺼운 붓, 중간 붓), 팔레트
환경	큰 테이블 4개, 의자(인원수만큼)
대체 가능 일상재료	두꺼운 붓 대신 스포이트를 사용(물감을 떨어뜨린 후 흔들거나 불어서 물 표현)

활동과정 및 방법

1. 도화지에 두꺼운 붓을 이용하여 물이 표현될 부분을 채색한다.
2. 채색한 물이 마르기 전 붓에 물감을 묻혀 수채물감의 번짐을 이용하여 물을 표현한다.
3. 붓으로 낚시하는 모습을 표현하고 채색한다.
4. 그림에 대한 흥취나 느낌을 간략히 화지에 써 본다.

활동 Tip

- 화지에 물을 칠할 때 두꺼운 붓으로 물을 듬뿍 묻혀 칠해야 종이가 일어나거나 찢어지는 현상을 막을 수 있다.
- 물칠한 부분이 마르기 전에 물감을 채색함으로써 물감의 번짐을 이용하여 물을 표현한다.

난이도별 활동지침

상 수채화의 번지는 특성을 이해하고, 창의적으로 낚시하는 모습을 표현한다.
그림의 주제에 어울리는 화제를 짓고 쓸 수 있다.

중 수채물감을 이용하여 낚시하는 모습을 표현한다.
그림의 느낌을 이야기 나눈다.

하 수채물감을 이용하여 물을 표현한다.
물고기 스티커를 붙여 물을 표현한다.

활동 관련 인지 단어

조어도	낚시	낚싯대
바다	강	그물
물고기	배	시간

※ (어떤 의미)에 중점을 둔 단어인지 설명한다.

교육적 효과

- 낚시를 해 보았던 기억을 회상해 봄으로써 과거의 즐거웠던 기억을 할 수 있다.
- 낚시에 대한 기억과 기다림, 인고의 시간에 대해 알 수 있다.

수업 활동 과정

1. 물칠하기

2. 물감으로 물 표현하기

3. 어울리는 그림 그리기

4. 수채물감으로 채색하고 화제 쓰기

준비물

완성작품

(2-2-6) 탁족도 그리기

탁족도

활동목표

탁족도의 유래와 의미를 이해하고 젯소를 이용하여 표현할 수 있다.

준비

도구 · 재료	우드락 보드, 젯소, 나이프, 수채물감, 팔레트, 붓, 물통
환경	큰 테이블 4개, 의자(인원수만큼)
대체 가능 일상재료	쉐이빙, 핸디코트 사용

활동과정 및 방법

1. 화지(우드락 보드)에 나이프를 이용하여 젯소를 바른다.
2. 젯소를 바른 화지가 마르면 먹물(또는 붓펜)을 이용하여 발을 담그고 있는 모습을 스케치한다.
3. 스케치한 그림에 수채물감으로 채색한다.
4. 물감으로 물을 표현한 부분에 붓으로 닦아 내는 방법으로 물을 묘사한다.

활동 Tip

- 젯소를 바를 때에는 엷게 펴서 바르도록 한다.
- 물의 표현과 바위의 표현은 젯소를 바를 때에 나이프로 재질감을 표현한다.
- 젯소를 나이프로 바를 때 물의 느낌을 생각하면서 바른다.

난이도별 활동지침

상 탁족도에 대해 이해하고, 재료의 특성을 살려 창의적으로 표현한다.
그림에 어울리는 화제를 쓸 수 있다.

중 순서에 따라 재료를 표현한다.
그림의 느낌에 대해 이야기한다.

하 물에 발을 담근 느낌에 대해 이야기 나눈다.
젯소를 바르고, 마른 다음 수채물감으로 채색하여 물을 표현한다.

활동 관련 인지 단어

탁족도	발	선비
씻다	담그다	물감
바르다	색칠하다	시원하다

※ (어떤 의미)에 중점을 둔 단어인지 설명한다.

교육적 효과

- 발을 물에 담가 보았던 기억을 떠올려 봄으로써 물에 대한 기억과 촉감을 자극할 수 있다.
- 탁족도에 대한 유래와 의미를 알고 선비정신을 알 수 있다.

수업 활동 과정

1. 화지에 젯소 바르기

2. 나이프로 물과 바위 표현하기

3. 먹물(붓펜)로 스케치하기

4. 물감으로 채색하기

준비물

완성작품

(2-2-7) 자연을 품은 드로잉

자연 재료를 이용한 여러 가지 드로잉

활동목표

자연의 여러 가지 재료를 이용하여 드로잉할 수 있다.

준비

도구·재료	도화지, 나무젓가락, 파 뿌리(여러 가지 자연 재료), 물감 등
환경	큰 테이블 4개, 의자(인원수만큼)
대체 가능 일상재료	여러 가지 도구 및 재료들

활동과정 및 방법

1. 자른 파 뿌리를 나무젓가락에 꽂아 고정시킨다.
2. 나무젓가락에 고정시킨 파 뿌리에 물감을 묻혀 드로잉한다.
3. 나무젓가락에 물감을 묻혀 사물을 드로잉한다.
4. 여러 가지 드로잉 도구를 이용하여 자유롭게 표현한다.
5. 완성 후 재료 표현의 느낌을 이야기 나눈다.

활동 Tip

- 뿌리를 나무젓가락에 고정시킬 때 빠지지 않도록 단단히 고정시킨다.
- 여러 가지 뿌리를 준비하여 재료의 사용과 다양한 표현이 되도록 한다.

난이도별 활동지침

상 여러 가지 재료를 이용하여 도구를 만들고, 창의적으로 드로잉한다.
재료의 특성을 알고, 주변에서 사용할 수 있는 재료들을 탐색한다.

중 자른 뿌리를 나무젓가락에 꽂을 수 있다.
여러 재료를 자유롭게 사용한다.

하 만들어 놓은 드로잉 재료를 자유롭게 사용한다.
표현한 것과 재료를 연결한다.

활동 관련 인지 단어

뿌리	파	양파
식물	나무	나무젓가락
드로잉	그리기	재료

※ (어떤 의미)에 중점을 둔 단어인지 설명한다.

교육적 효과

- 여러 가지 재료로 드로잉할 수 있음을 알 수 있다.
- 재료의 특성을 살려 창의적으로 표현할 수 있다.

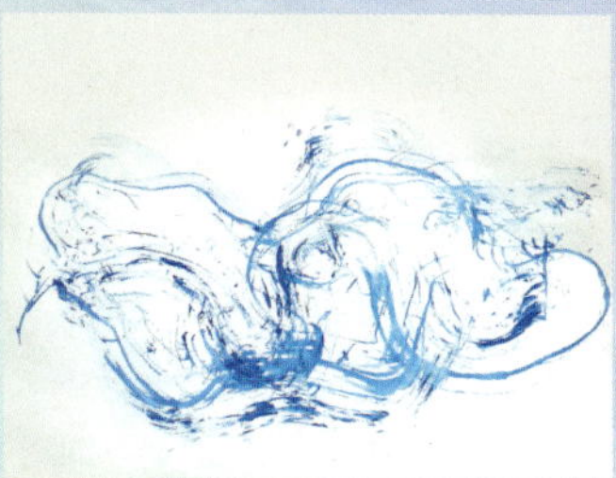

수업 활동 과정

1. 나무젓가락에 뿌리 붙이기

2. 뿌리로 드로잉하기

3. 여러 가지 재료로 드로잉하기

4. 어울리는 재료로 드로잉하기

준비물

완성작품

(2-2-8) 수세미에 그린 그림

수세미에 표현하기

활동목표

질감이 거친 수세미에 크레파스를 이용하여 회화적 표현을 할 수 있다.

준비

도구·재료	연필, 도화지, 수세미, 크레파스
환경	큰 테이블 4개, 의자(인원수만큼)
대체 가능 일상재료	사포, 벽지

활동과정 및 방법

1. 그리고자 하는 그림을 도화지에 미리 스케치한다.
2. 수세미에 크레파스로 그리고 채색한다.
3. 다른 색의 수세미에 그림을 그리고 채색한다.
4. 두 그림에서 색의 차이와 질감의 변화를 느껴 본다.
5. 완성 후 그림을 그릴 때의 느낌과 완성 후의 느낌에 대해 이야기 나눈다.

활동 Tip

- 수세미가 거칠므로 그리거나 채색할 때 안전에 유의한다.
- 여러 가지 색의 수세미에 표현해 봄으로써 바탕색과 어울리는 색을 탐색해 볼 수 있다.
- 작품을 완성하고 액자 받침에 올려 액자로 활용할 수 있다.

난이도별 활동지침

상 수세미의 거친 질감을 이용하여 자유롭게 표현한다.
수세미 대신 사용할 수 있는 여러 재료에 대해 탐색한다.

중 수세미에 자유롭게 표현한다.
수세미와 비슷한 질감의 재료에 대해 알아본다.

하 수세미의 촉감을 손으로 만져 느껴 본다.
수세미에 크레파스를 이용하여 마음대로 그리거나 색칠한다.

활동 관련 인지 단어

수세미	거침	부드러움
촉감	크레파스	물감
그리다	문지르다	덧칠하다

※ (어떤 의미)에 중점을 둔 단어인지 설명한다.

교육적 효과

- 실생활에서 흔히 접하는 도구들이 그림의 표현 재료가 될 수 있음을 알 수 있다.
- 촉감을 인식하고 어울리는 그림을 회화적으로 표현할 수 있다.

수업 활동 과정

1. 계절에 연상되는 것 이야기 나누기

2. 연필로 스케치하기

3. 수세미에 그려 보기

4. 색의 차이와 느낌 나누기

준비물

완성작품

3) 공예활동

공예활동은 활동하는 과정에서 타인을 배려하고 도와줄 수 있는 배려심과 협동심을 발휘할 수 있으며 함께 활동하면서 행복을 찾을 수 있다.

(2-3-1) 한지 등 꾸미기

어둠을 환하게 밝혀요!

활동목표

색 한지를 이용하여 종이 등을 아름답게 꾸며 볼 수 있다.

준비

도구·재료	색 한지, 종이 등, 종이컵, 세필, 물풀, 스탬프
환경	큰 테이블 4개, 의자(인원수만큼)
대체 가능 일상재료	풍등, 한지 등에 미농지 붙이기, 한지 등에 스탬프 찍기, 수채도구로 채색하기

활동과정 및 방법

1. 한지 등을 플라스틱 스틱으로 고정시킨다.
2. 붓에 물을 묻힌 다음, 세필을 이용하여 꾸미고자 하는 도안을 스케치한다.
3. 물을 묻힌 세필로 그린 도안을 손으로 천천히 찢어 준다.
4. 손으로 찢은 여러 가지 색의 도안을 풀을 이용하여 한지 등에 붙여 준다.
5. 건전지를 넣어 등을 켜 보고, 등을 켠 느낌에 대해 이야기 나눈다.

활동 Tip

- 풀의 상태를 미리 점검하고, 물풀을 사용하여 붙이기 쉽게 한다.
- 색 한지 찢기로 한지의 자연스러운 느낌을 표현하도록 한다.
- 한지 찢기가 어려운 경우 여러 모양의 색 한지 또는 미농지를 사용한다.

난이도별 활동지침

상 한지의 특성을 이해하고, 물에 묻힌 세필을 이용하여 원하는 모양을 찢어서 표현한다.
풀과 한지의 특성을 이해하고, 자유롭게 표현한다.

중 한지의 특성을 알고, 물에 묻힌 세필을 이용하여 여러 가지 모양을 찢어서 표현한다.
풀과 한지의 특성을 알고, 등을 완성한다.

하 여러 방향으로 색 한지를 찢을 수 있다.
진행자의 안내에 따라 천천히 등을 완성한다.

활동 관련 인지 단어

등	찢기	불
혼인	청실홍실	희망
어둠	밝음	따뜻함

※ (어떤 의미)에 중점을 둔 단어인지 설명한다.

교육적 효과

- 한지 등의 따뜻함과 편안함을 느껴 심리적 안정을 도모하며, 회상하여 기억력을 향상시킬 수 있다.
- 종이 찢기를 통하여 양손의 감각 활동을 활발히 함으로써 좌·우뇌의 발달을 도모하여 인지적 능력을 향상시킬 수 있다.

수업 활동 과정

1. 한지 등을 플라스틱 스틱으로 고정시키기

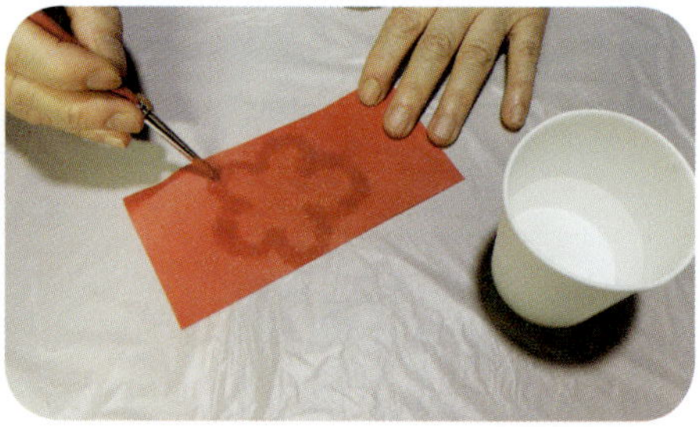

2. 물을 묻힌 세필을 이용하여 도안 스케치하기

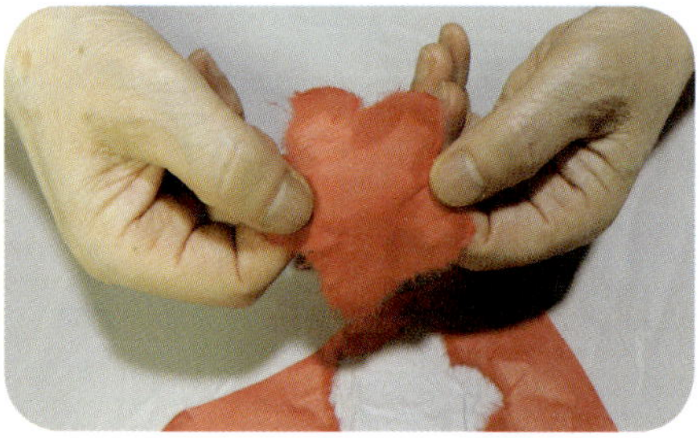

3. 도안을 손으로 천천히 찢어 주기

4. 손으로 찢은 여러 가지 색을 한지 등에 붙이기

준비물

완성작품

(2-3-2) 하바리움 만들기

하바리움

활동목표

여러 가지 종류의 드라이플라워를 이용하여 나만의 하바리움을 만들 수 있다.

준비

도구·재료	드라이플라워, 가위, 핀셋, 유리병, 하바리움 용액, 종이컵
환경	큰 테이블 4개, 의자(인원수만큼)
대체 가능 일상재료	파라핀 용액 사용

활동과정 및 방법

1. 드라이플라워를 유리병에 들어갈 크기를 생각하며 가위로 잘라 구성한다.
2. 구성해 놓은 드라이플라워를 유리병 속에 조심해서 넣어 준다.
3. 종이컵에 하바리움 용액을 담아 유리병에 천천히 부어 준다.
4. 유리병 속에 들어 있는 드라이플라워를 원하는 모양대로 핀셋을 이용하여 구성한다.

활동 Tip

- 드라이플라워가 유리병의 입구를 통과할 수 있는 크기로 배치하고 넣어 준다.
- 하바리움 용액이 미끄러우므로 주의한다.
- 아래쪽에 배치될 꽃이나 식물은 플라워폼에 붙인 후 병에 넣으면 뜨는 것을 방지할 수 있다.

난이도별 활동지침

상 재료의 특성을 이해하고, 완성될 모양과 색을 생각하며 창의적으로 표현한다.
완성 후 작품의 느낌을 이야기한다.

중 재료를 자유롭게 표현한다.
완성 후 작품의 느낌을 이야기한다.

하 재료를 순서대로 표현한다.
완성 후 작품의 느낌에 대해 이야기한다.

활동 관련 인지 단어

하바리움	표본	채집
마른 꽃	기억하다	핀셋
유리병	가위	용액

※ (어떤 의미)에 중점을 둔 단어인지 설명한다.

교육적 효과

- 식물의 표본이나 하바리움을 만드는 의미와 방법을 알 수 있다.
- 여러 가지 색과 모양의 꽃을 이용하여 자유롭게 표현할 수 있다.

수업 활동 과정

1. 드라이플라워 자르기

2. 유리병에 드라이플라워 넣기

3. 병에 하바리움 용액 넣기

4. 전체 모습 살펴보고 구성하기

준비물

완성작품

(2-3-3) 벽면 수건걸이

수건걸이

활동목표

나뭇가지와 노끈을 이용하여 걸이를 만들고 아름답게 꾸밀 수 있다.

준비

도구 · 재료	나뭇가지(약간 두꺼운 것), 노끈, 가위, 아크릴물감, 붓, 물통
환경	큰 테이블 4개, 의자(인원수만큼)
대체 가능 일상재료	식물지지용 철사, 대나무 막대, 면봉, 유성 매직, 네임펜

활동과정 및 방법

1. 나뭇가지로 만들 모양을 생각하며 배치한다.
2. 배치한 나뭇가지를 고무밴드로 묶어 조정이 가능하도록 묶어 준다.
3. 고무줄로 묶은 나무 틀을 노끈으로 단단히 묶어 고정시킨다.
4. 묶은 나무틀을 아크릴물감으로 아름답게 채색한다.
5. 수건을 걸어 마무리한다.

활동 Tip

- 나뭇가지가 너무 가늘면 부러지기 쉬우므로 1.5~2cm 두께의 나뭇가지를 사용하도록 한다.
- 나무 틀을 만들 때 고무밴드로 묶어 크기의 조정이 자유롭게 한 다음 정확한 모양이 만들어지면 노끈으로 단단히 여러 번 묶어 고정시킨다.

난이도별 활동지침

상 실생활에 필요한 물건의 크기와 모양을 생각하며 창의적으로 표현한다.
나뭇가지와 고무밴드, 노끈을 이용하여 집 모양의 틀을 자유롭게 표현한다.

중 집 모양의 틀을 순서에 맞추어 고무밴드로 묶는다.
물감으로 자유롭게 채색한다.

하 만들어진 틀을 여러 방향으로 돌려 보고 집 모양이 되도록 놓아 본다.
면봉을 이용하여 여러 색으로 나뭇가지에 점을 찍어 장식한다.

활동 관련 인지 단어

나뭇가지	수건걸이	집
지붕	면봉	물감
노끈	고무줄	묶기

※ (어떤 의미)에 중점을 둔 단어인지 설명한다.

교육적 효과

- 집 모양을 만들면서 평형감각을 향상시킬 수 있다.
- 반복해서 묶는 활동을 통해 팔과 손 등의 대소근육을 움직임으로써 근육의 기능을 유지할 수 있도록 돕는다.

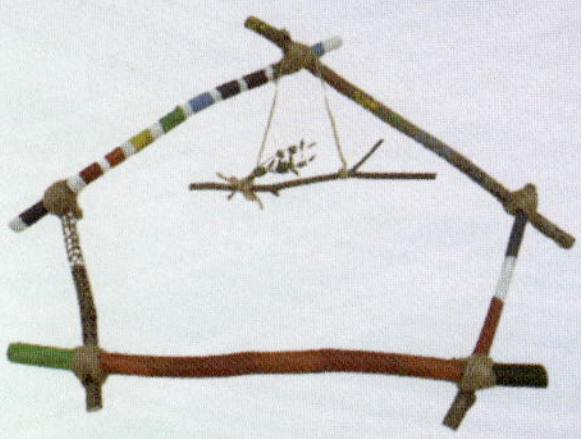

수업 활동 과정

1. 노끈으로 묶기

2. 채색하기

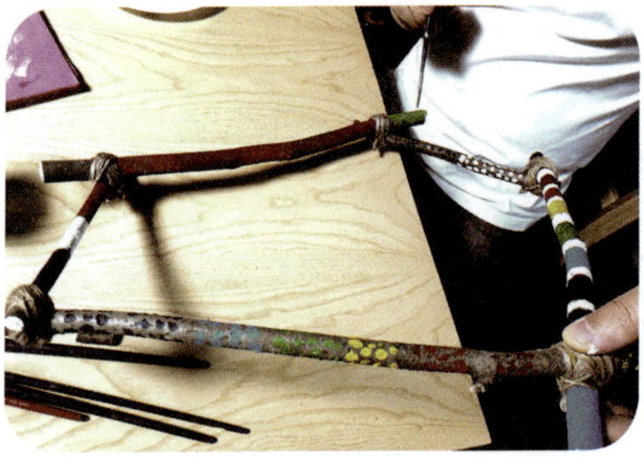

3. 뒷면 채색하기

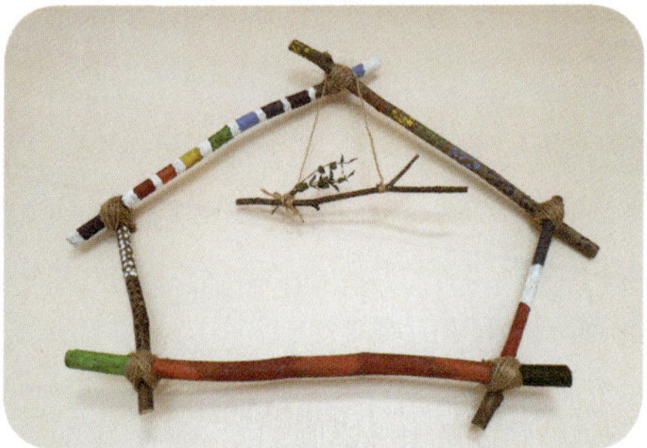

4. 마무리하기

준비물

완성작품

(2-3-4) 고무신 공예

문화재 체험(한지뜨기)

활동목표

한지의 특성을 이해하고 한지뜨기로 고무신을 만들어 봄으로써 우리나라 고유의 실생활 문화를 체험해 볼 수 있다.

준비

도구 · 재료	한지, 고무신, 물통, 풀, 붓, 가위
환경	큰 테이블 4개, 의자(인원수만큼)
대체 가능 일상재료	석고붕대, 종이죽, 풍선이나 그릇

활동과정 및 방법

1. 한지를 크게 찢어 둔다.
2. 두꺼운 붓을 이용하여 한지에 풀칠한다.
3. 풀칠한 한지를 작게 찢어 고무신 전체에 골고루 붙인다.
4. 고무신에 풀칠한 한지가 마르면 천천히 고무신에서 분리해 낸다.
5. 한지 고무신 안쪽의 너덜거리는 부분을 풀로 붙여 마무리한다.

활동 Tip

- 한지를 여러 겹으로 붙여 단단하게 만든다.
- 한지를 풀칠하여 붙일 때 손에 묻으면 불편감과 기포가 생길 수 있으므로 두꺼운 붓을 이용하여 채색하듯 칠하면 용이하다.
- 한지를 손으로 찢어 재료의 특성을 자유롭게 표현하게 한다.

난이도별 활동지침

상 한지의 특성을 이해하고 재료를 자유롭게 사용한다.
풀칠할 때 재료의 사용이 용이하도록 전략을 세우고 실행한다.

중 진행자의 안내에 따라 순서대로 풀칠한다.
한지를 찢어 천천히 풀칠하여 꾸민다.

하 한지를 손으로 찢는다.
고무신에 한지를 붙여 본다.

활동 관련 인지 단어

한지	창호지	고무신
꽃신	신발	발
어머니	아버지	가족

※ (어떤 의미)에 중점을 둔 단어인지 설명한다.

교육적 효과

- 한지를 사용해 봄으로써 어린 시절 창호지 문에 대한 느낌을 회상하여 기억력을 향상시킬 수 있다.
- 한지를 찢고 붙이는 과정을 통해 대소근육의 사용을 촉진시킬 수 있다.

수업 활동 과정

1. 한지에 풀칠하기

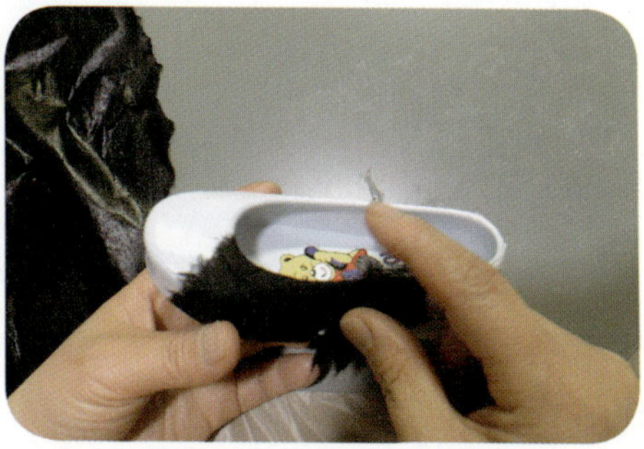

2. 신발에 붙이기

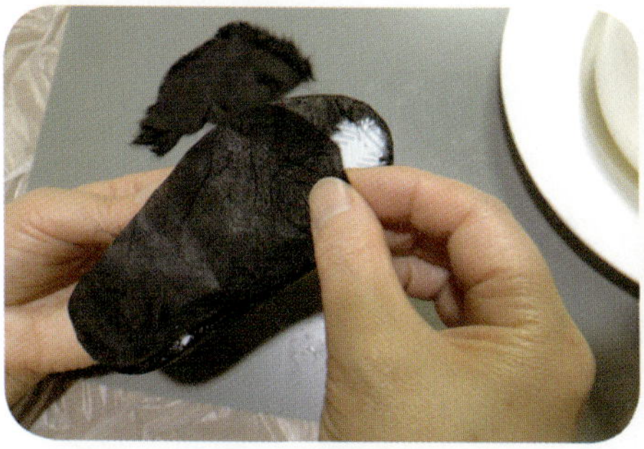

3. 뒷면 붙이기

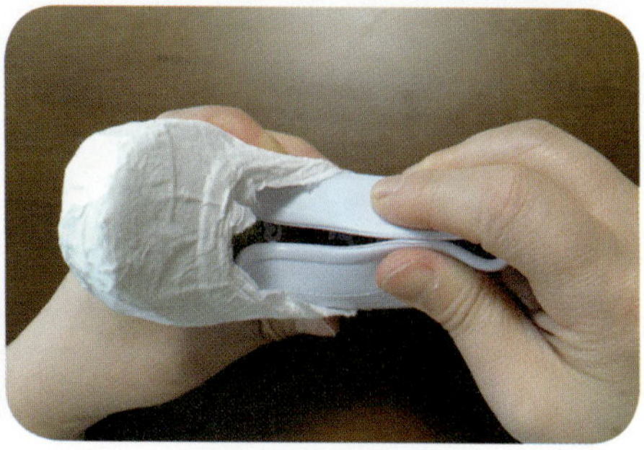

4. 마른 다음 분리하기

준비물

완성작품

(2-3-5) 조롱박 꾸미기

조롱박에 그리기

활동목표

조롱박에 붓펜이나 검정색 펜을 이용하여 자신의 주변 환경을 표현할 수 있다.

준비

도구·재료	도화지, 연필, 지우개, 조롱박, 붓
환경	큰 테이블 4개, 의자(인원수만큼)
대체 가능 일상재료	수박, 풍선

활동과정 및 방법

1. 자신의 주변 환경에 대해 보고 느낀 점에 대해 이야기 나눈다.
2. 생각한 부분을 도화지에 연필을 이용하여 스케치한다.
3. 스케치한 것을 보고 연필로 조롱박에 스케치한다.
4. 붓펜을 이용하여 조롱박에 주변의 일상생활 환경을 표현한다.
5. 조롱박에 그림을 그리는 느낌에 대해 이야기 나누고 잘 표현된 부분을 칭찬한다.

활동 Tip

- 조롱박에 연필로 스케치할 때 잘 지워지지 않으므로 연필 스케치 때에 엷게 스케치한다.
- 조롱박에 미리 바탕색을 채색한 다음 붓펜으로 그리면 다양한 재료의 느낌을 체험할 수 있다.

난이도별 활동지침

상 자신의 주변환경과 일상생활에 대해 인식한다.
조롱박의 둥근 특성을 살려 사물을 어울리게 표현한다.

중 자신의 주변 환경에 대해 인지한다.
조롱박에 표현한다.

하 조롱박에 그리고 싶은 것을 표현한다.
둥근 물건의 예를 들어 본다.

활동 관련 인지 단어

조롱박	둥글다	매끄럽다
바가지	풍선	사과
배	수박	박

※ (어떤 의미)에 중점을 둔 단어인지 설명한다.

교육적 효과

- 조롱박에 그림을 그려 봄으로써 어린시절을 회상할 수 있다.
- 그림 그리기의 화지가 종이가 아닌 여러 가지 물건이 될 수 있음을 알 수 있다.
- 둥근 모양에 그리고 색칠해 봄으로써 원근감을 이해할 수 있다.

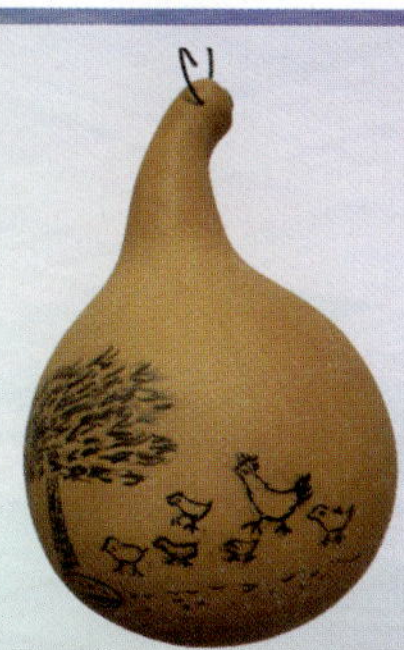

수업 활동 과정

1. 스케치하기

2. 연필로 밑그림 그리기

3. 붓펜으로 그리기

4. 마무리하기

준비물

완성작품

3. 협동작품

협동 표현 활동은 활동 과정에서 마음속의 이야기로 서로 공감대를 형성할 수 있고, 작품에 대해 서로 이야기를 나누면서 친밀감과 외로움을 해소할 수 있다.

(3-1-1) 향기로운 화장실 만들기

향기로운 공중화장실 만들기

활동목표

석고를 이용하여 방향제를 만들고, 공공시설이나 환경을 아름답게 개선함으로써 사회에 봉사하는 시간을 가질 수 있다.

준비

도구 · 재료	석고 가루, 물, 방향제 오일, 유화제, 몰드, 드라이플라워, 고무 그릇(또는 일회용 종이컵), 나이프(또는 나무젓가락).
환경	큰 테이블 4개, 의자(인원수만큼)
대체 가능 일상재료	캘리그래피를 이용하여 표현

활동과정 및 방법

1. 석고와 물을 계량(석고 가루 100g : 물 35~40mℓ)하고, 고무 그릇에 물, 석고 유화제, 방향제 오일을 넣고 저어 준다.
2. 저어 준 석고 액을 몰드에 천천히 부어 준다.
3. 몰드에 석고 액이 골고루 들어가도록 흔들어 준다.
4. 석고 액이 굳기 전 드라이플라워를 붙여 장식하고 굳어지면 떼어 낸다.
5. 전하고 싶은 말을 붓펜을 이용하여 써 주고, 이야기 나눈다.

활동 Tip

- 석고와 물의 비율을 잘 지키도록 하며, 석고가 완전히 굳은 다음 몰드에서 꺼낸다.
- 고무 그릇에 물을 먼저 붓고, 석고 가루를 천천히 넣으면 석고 가루가 뭉치지 않고 잘 섞이게 할 수 있다.

난이도별 활동지침

상 석고의 특성을 이해하고, 순서에 맞추어 표현한다.
어울리는 그림이나 글을 자유롭게 표현한다.

중 석고의 성질(따뜻해지고 식으면서 굳는 느낌)을 느껴 본다.
순서에 맞추어 작품을 표현한다.

하 순서에 따라 표현한다.
촉각을 통하여 석고의 성질을 느껴 본다.

활동 관련 인지 단어

방향제	냄새	향기
석고	화장실	걸쭉하다
따뜻하다	식다	딱딱하다

※ (어떤 의미)에 중점을 둔 단어인지 설명한다.

교육적 효과

- 방향제 오일을 사용해 봄으로써 후각을 자극할 수 있다.
- 타인과 함께 사용하고 공유할 수 있는 물건을 만들고 기부해 봄으로써 봉사의 기쁨을 느낄 수 있다.

수업 활동 과정

1. 고무 그릇에 물, 유화제, 방향제 오일, 석고 가루를 넣고 섞어 주기

2. 몰드에 석고 액 붓기

3. 몰드에 석고 액이 골고루 들어가도록 쳐 주기

4. 드라이플라워 장식하기

준비물

완성작품

(3-1-2) 자연의 색 즐기기

자연의 색 즐기기

활동목표

자연의 재료가 가진 색과 특성을 알고, 협동하여 실생활에 필요한 도구를 표현할 수 있다.

준비

도구 · 재료	광목천, 여러 가지 색을 가진 천연 재료(쑥, 말차, 백년초, 오미자, 치자, 강황, 커피 등)
환경	큰 테이블 4개, 의자(인원수만큼)
대체 가능 일상재료	여러 가지 자연의 재료를 사용

활동과정 및 방법

1. 자신이 정한 재료를 종이컵에 담고 즙을 내거나 섞어 채색도구를 만든다.
2. 만든 채색도구를 붓에 묻혀 화지에 그려 보고, 색의 느낌을 이해한다.
3. 각자 자신이 그리고자 하는 부분에 어울리는 그림을 스케치한다.
4. 전체 그림에 대해 서로 의논하고 어울리도록 채색한다.
5. 협동하여 완성한 커튼에 대해 서로의 느낌을 이야기 나눈다.

활동 Tip

- 색이 중복되거나 없는 경우가 없도록 의논 후 사용한다.
- 즙을 내는 과정에서 손이나 옷에 묻을 수 있으므로 물티슈와 휴지 등을 준비한다.
- 재료의 즙을 낼 때 거즈나 면포를 사용하면 찌꺼기 없이 용이하게 사용할 수 있다.

난이도별 활동지침

상 재료의 특성(색)을 알고, 색을 만드는 방법에 대해 탐색한다.
작품 표현 과정에 협동하고 의사소통하여 서로 화합하는 마음을 가질 수 있다.

중 재료의 특성을 알고, 색을 표현한다.
작품 표현을 통해 서로 화합하는 마음을 가질 수 있다.

하 사용하고 싶은 색을 만든다.
만든 천연물감을 스포이트로 떨어뜨려 물방울을 표현한다.

활동 관련 인지 단어

천연물감	치자	쑥
오미자	감	강황
노랑	빨강	초록

※ (어떤 의미)에 중점을 둔 단어인지 설명한다.

교육적 효과

- 자연의 재료에서 채색도구를 만들 수 있다.
- 서로 협동하는 마음을 가질 수 있다.

수업 활동 과정

1. 자연의 재료 즙 내어 채색 도구 만들기

2. 만들어진 채색도구를 화지에 그려서 여러 가지 색 느껴 보기

3. 그리고 싶은 부분을 정하여 어울리는 그림 스케치하기

4. 서로의 그림 보고, 의논하여 채색하기

준비물

완성작품

(3-1-3) 행복한 우리 마을

행복한 우리 마을 꾸미기

활동목표

아크릴물감으로 집을 표현하고 협동하여 배치해 봄으로써 행복한 우리 마을을 표현할 수 있다.

준비

도구·재료	집 모형, 아크릴물감, 팔레트, 붓, 물통, 휴지, 케이블 홀더, 케이블 타이
환경	큰 테이블 4개, 의자(인원수만큼)
대체 가능 일상재료	수성페인트, 면봉, 유성펜

활동과정 및 방법

1. 집 모형에 아크릴물감을 이용하여 살고 싶은 집을 스케치한다.
2. 붓에 물감을 묻혀 집의 지붕과 정면, 양 옆면을 채색한다.
3. 완성된 집 모형의 뒷면에 케이블 홀드를 붙인다.
4. 붙이고자 하는 공공장소에 케이블 타이를 이용하여 붙여 준다.
5. 전체가 협동하여 만든 작품을 감상하고 마무리한다.

활동 Tip

- 집 모형을 여러 가지 색으로 미리 칠해 배분하면 시간을 절약할 수 있다.
- 진행자가 마을 사진을 미리 준비해 두었다가 도입자료로 제시함으로써 마을에 대해 알 수 있도록 한다.
- 아크릴물감이 옷에 묻으면 지워지지 않으므로 주의하도록 한다.

난이도별 활동지침

상 우리 마을에 있는 기관이나 건물, 집 등을 이야기하고 표현한다.
다함께 사는 아름다운 마을을 만들기 위한 실천방법에 대해 이야기 나눈다.

중 우리 마을에 있는 기관이나 집에 대해 이야기 나눈다.
자신이 살고 싶은 집을 표현한다.

하 채색된 집 모양에 문과 창문 등을 표현한다.
살고 싶은 집에 대해 이야기 나눈다.

활동 관련 인지 단어

마을	집	동사무소
병원	약국	길
문	창문	지붕

※ (어떤 의미)에 중점을 둔 단어인지 설명한다.

교육적 효과

- 집에 대한 느낌과 기억을 떠올려 회상 능력을 향상시킬 수 있다.
- 자신이 살고 있는 장소에 대해 인식하고, 애향심을 가질 수 있다.

수업 활동 과정

1. 집 모형에 스케치하기

2. 채색하기

3. 지붕과 양 옆면 채색하기

4. 케이블홀드 붙이기

준비물

완성작품

(3-1-4) 돌멩이가 하나 되어

돌멩이 협동 작품

활동목표

여러 모양의 돌을 보고 연상되는 것을 표현할 수 있다.

준비

도구 · 재료	돌멩이, 붓펜(또는 네임펜)
환경	큰 테이블 4개, 의자(인원수만큼)
대체 가능 일상재료	조개껍질, 나무 열매 등

활동과정 및 방법

1. 여러 가지 돌을 보며, 연상되는 것을 이야기한다.
2. 붓펜이나 네임펜을 이용하여 연상되는 것을 돌에 스케치한다.
3. 스케치한 것을 채색하거나 패턴으로 표현한다.
4. 완성된 돌을 모두 모아 보고, 관계 있거나 어울리는 모양끼리 배치한다.
5. 전체 느낌을 생각하며 어울리도록 배치하여 붙여 준다.

활동 Tip

- 돌에는 가루가 묻어날 수 있으므로 마른 휴지로 이물질을 제거한 다음 표현할 수 있도록 돕는다.
- 돌을 여러 방향으로 돌리거나 움직여 연상되는 것을 많이 이야기해 보도록 한다.
- 각자가 표현한 작품을 연관성이 있는 것끼리 분류하고 연결지어 이야기 나누도록 한다.

난이도별 활동지침

상 돌의 모양을 좌우, 위아래로 돌려 이미지를 자유롭게 연상해 보고, 연상되는 이미지를 창의적으로 표현한다.
펜의 강약, 두께 등을 고려하여 자유롭게 표현한다.

중 연상되는 것을 표현한다.
펜을 이용하여 그리거나 채색한다.

하 돌에 여러 가지 방향으로 선을 그을 수 있다.
펜을 이용하여 마음대로 표현한다.

활동 관련 인지 단어

돌	자갈	위
아래	왼쪽	오른쪽
붓	펜	모양

※ (어떤 의미)에 중점을 둔 단어인지 설명한다.

교육적 효과

- 모양을 보고 연상해 봄으로써 창의력을 향상시킬 수 있다.
- 표현된 이미지가 연관성이 있는 것끼리 분류해 봄으로써 두뇌 활동을 촉진시킬 수 있다.

수업 활동 과정

1. 모양을 보고 연상하기

2. 연상되는 것 그려 보기

3. 연상되는 것 그리기

4. 작품 모아 배치하기

준비물

완성작품

(3-1-5) 창문 정원

발을 이용한 모둠 정원

활동목표

데칼코마니를 이용하여 나비를 만들고, 여러 가지 식물을 발에 배치함으로써 협동하여 정원을 표현할 수 있다.

준비

도구·재료	발, 시험관, 노끈, 식물, OHP 필름, 가위, 물감, 면봉
환경	큰 테이블 4개, 의자(인원수만큼)
대체 가능 일상재료	천(옷감), 작은 PT병, 도화지

활동과정 및 방법

1. OHP 필름을 반으로 접고 네임펜으로 나비의 반쪽을 그려 준다.
2. 그려진 나비를 가위로 오려낸다.
3. 오려낸 나비의 반쪽에 아크릴물감을 이용하여 날개의 무늬를 표현하고 반으로 접었다가 편다.
4. 시험관에 식물과 물을 넣고 발에 묶어 준다.
5. 시험관을 붙인 발에 데칼코마니 기법으로 만든 나비를 배치하여 모둠 정원을 완성한다.

활동 Tip

- 물감을 짜서 넣을 때 바깥으로 흐를 수 있으므로 휴지나 물티슈를 준비해 둔다.
- 시험관을 발에 묶을 때 미끄러져 떨어질 수 있으므로 가죽끈이나 고무끈을 이용하면 헐거워져 떨어지는 현상을 예방할 수 있다.

난이도별 활동지침

상 식물을 크기와 색을 고려하여 발에 어울리도록 장식한다.
식물과 나비의 배치를 어울리게 할 수 있으며, 스토리텔링 한다.

중 식물을 발에 배치한다.
양면테이프를 이용하여 나비를 발에 붙일 수 있다.

하 발에 배치하고 싶은 부분을 이야기하고 진행자의 도움을 받도록 한다.
붙이고 싶은 부분에 나비를 붙여 본다.

활동 관련 인지 단어

데칼코마니	나비	정원
식물	꽃	발
시험관	여름	더위

※ (어떤 의미)에 중점을 둔 단어인지 설명한다.

교육적 효과

- 데칼코마니 기법을 이용하여 자유롭게 표현할 수 있다.
- 계절에 따른 식물의 변화를 인지할 수 있다.

수업 활동 과정

1. OHP 필름에 나비 그리기

2. 가위로 자르기

3. 물감을 넣고 접어 누르기

4. 발에 시험관 붙이기

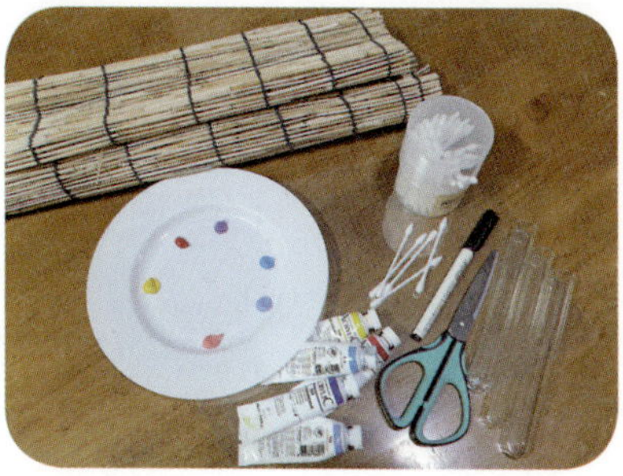

준비물

완성작품

4. 생애주기별 행복찾기 프로젝트

생애주기별 행복찾기 프로젝트 프로그램은 크게 나, 동반자, 가족, 희망의 4영역으로 구분하여 10회기로 수업을 계획한 것이다. 영역에 적절한 대주제와 활동주제를 따로 선정하여 수업의 의미와 실제 활동 내용을 쉽게 전달할 수 있다.

'미술과 함께하는 행복찾기' 수업 계획

<table>
<tr><th>회기</th><th>영역</th><th>대주제</th><th>활동주제</th><th>기대 효과</th></tr>
<tr><td>1</td><td colspan="2">사전모임</td><td>전체 프로그램 일정 및 내용 안내</td><td>프로그램 흥미 유발
심리검사(자존감 척도)</td></tr>
<tr><td>2</td><td rowspan="2">나</td><td>소중한 내 이름</td><td>자신의 이름으로 문패 만들기</td><td>창의적 표현, 자기애, 자존감 향상</td></tr>
<tr><td>3</td><td>아름다운 내 모습</td><td>자화상 그리기</td><td>자기애 향상</td></tr>
<tr><td>4</td><td rowspan="2">동반자</td><td rowspan="2">그대에게 주는 선물</td><td>텀블러 꾸미기</td><td>사랑 감정 향상</td></tr>
<tr><td>5</td><td>예쁜 노리개 만들기</td><td>사랑 감정 향상</td></tr>
<tr><td>6</td><td rowspan="2">가족</td><td>아! 사랑이어라</td><td>포토콜라주로 가족 액자 만들기</td><td>가족애, 자존감 향상</td></tr>
<tr><td>7</td><td>행복한 보금자리</td><td>살고 싶은 집 꾸미기</td><td>가족애, 자존감 향상</td></tr>
<tr><td>8</td><td rowspan="3">희망</td><td>다시 태어난다면</td><td>못다 이룬 꿈을 이야기하고 오브제를 이용하여 나타내기</td><td>자기애, 자존감 향상</td></tr>
<tr><td>9</td><td>이렇게 살고 지고</td><td>행복가방 만들기</td><td>자기애, 자신감 향상</td></tr>
<tr><td>10</td><td>나를 사랑하리라</td><td>코스튬-가장 예쁜 모습 꾸미기</td><td>자기애, 자신감, 자존감 향상</td></tr>
</table>

본 활동 계획에서 추구하고자 하는 것은 노인들의 자아존중감 향상에 초점을 맞추었기 때문에 자신만의 상상과 능력, 창의력을 최대한 발휘할 수 있도록 구성하였다.

1) 나의 존재

'나의 존재' 영역은 자아존중감을 형성하는 데 가장 필요한 활동이다. 자신의 존재 가치에 대해 정확하게 이해하고 어필할 수 있는 표현을 할 수 있다.

'소중한 내 이름' 프로그램은 태어나서 작명할 때 부모에게서 얼마나 소중한 존재였던가를 회상하면서 자신의 이름에 대한 의미를 깨달을 수 있으며, '아름다운 내 모습' 프로그램은 다른 사람의 모습은 잘 알면서도 정작 자신의 모습은 정확하게 그려낼 수 없는 노인에게 자신을 되돌아볼 수 있게 할 수 있는 좋은 프로그램이다.

(4-1-1) 소중한 내 이름

'소중한 내 이름' 활동을 통해 자신의 이름으로 문패를 만들되, 드라이플라워를 이용해서 최대한 자신의 이름을 아름답게 꾸밈으로써 자신의 이름의 존귀함과 소중함을 깨닫게 하여, 존재 가치에 대한 경각심을 일깨우고자 한다.

'미술과 함께하는 행복찾기-나' 노인미술프로그램 (1)

대주제: 소중한 내 이름

영역: 나의 존재

활동주제: 소중한 내 이름(자신의 이름으로 문패 만들기)

활동목표

자신의 이름을 창의적으로 표현하고, 이름에 담긴 뜻과 의미를 되새김으로써 자기애와 자존감을 가질 수 있다.

준비물

A4용지, 연필, 지우개, 가위, 나무판, 유성 매직, 네임펜, 드라이플라워(마른 꽃), 목공용 본드

활동과정 및 방법

1. 이름에 담긴 뜻과 의미를 A4용지에 써 본다.
2. 구도를 생각하며 어울리는 그림을 연필로 스케치한다.
3. 매직을 이용하여 나무판에 글과 그림으로 표현한다.
4. 이름이 표현된 나무판 위에 목공용 본드를 이용하여 드라이플라워를 어울리게 배치하여 붙인다.
5. 완성된 작품을 보고, 작품에 담긴 의미를 이야기 나눈다.

수업 활동 과정

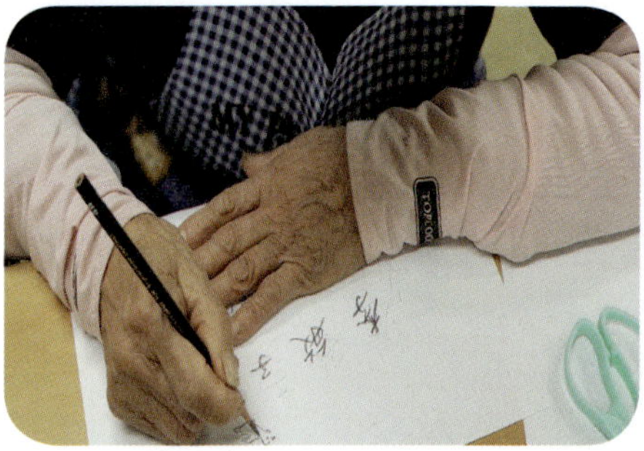

1. 이름에 담긴 뜻과 의미를 A4용지에 써 본다.

2. 구도를 생각하며 어울리는 그림을 연필로 스케치한다.

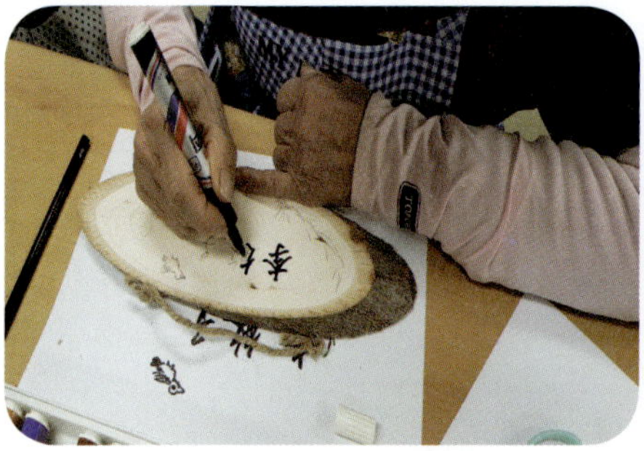

3. 유성 매직을 이용하여 나무판에 글과 그림으로 표현한다.

4. 이름이 표현된 나무판 위에 목공용 본드를 이용하여 드라이플라워를 어울리게 배치하여 붙인다.

(4-1-2) 아름다운 내 모습

'아름다운 내 모습'은 자화상 그리기 활동이다. 자신의 생김새를 자세히 관찰하고, 자신의 모습을 닮게 그리면서 자기를 사랑할 줄 아는 마음을 가지게 한다. 인물 묘사 경험이 없는 노인은 얼굴 표현을 어려워할 수 있으므로 얼굴의 특징을 잘 관찰하도록 하고, 모습의 특징이 잘 드러나게 표현할 수 있도록 하는 것이 좋다.

'미술과 함께하는 행복찾기-나' 노인미술프로그램 (2)

대주제: 아름다운 내 모습

영역: 나

활동주제: 아름다운 내 모습(자화상 그리기)

활동목표

아크릴물감을 이용하여 자화상을 표현하고, 자기애를 가질 수 있다.

준비물

사진(확대 또는 축소된 복사물), 연필, 캔버스, 유성 매직, 테이프, 아크릴물감, 팔레트, 붓, 물통

활동과정 및 방법

1. 화면의 크기에 맞추어 사진을 확대 또는 축소 복사한다.
2. 사진(복사된 사진)의 뒷면을 연필로 칠한다.
3. 캔버스 위에 연필로 칠한 사진을 놓고 테이프로 고정한 다음, 끝이 뾰족한 연필로 인물의 외곽선을 따라 스케치한다.
4. 캔버스에 스케치한 연필 선을 따라 유성 매직으로 인물 선을 표현해 준다.
5. 그림의 밑에 말 주머니를 그리고 자신이 하고 싶은 이야기를 간략히 유성 매

직으로 표현하여 완성한다.

6. 아크릴물감을 이용하여 스케치한 인물을 채색한다.

수업 활동 과정

1. 사진(복사된 사진)의 뒷면을 연필로 칠한다.

2. 캔버스에 끝이 뾰족한 연필로 인물의 외곽선을 따라 스케치한다.

3. 캔버스에 스케치한 연필 선을 따라 유성 매직으로 인물 선을 나타낸다.

4. 자신이 하고 싶은 이야기를 유성 매직으로 간략히 쓴다.

2) 동반자의 추억

'동반자의 추억' 영역은 부부간의 관계에서 오는 자신의 상황이나 위치, 안정감 등을 비추어서 자신감과 사랑의 감정을 가지게 함으로써 자존감을 높일 수 있다. 이 영역에서 개발한 '텀블러 꾸미기'와 '예쁜 노리개 만들기' 프로그램은 소중한 사람에게 줄 수 있는 선물을 만드는 활동이다.

(4-2-1) 텀블러 꾸미기

'텀블러 꾸미기' 프로그램은 늘 사용할 수 있는 생활용품을 만드는 것으로 언제나 옆에 두고 함께할 수 있는 좋은 선물용이 될 수 있다. 특히 민화를 활용하여 무늬를 꾸밀 때 동반자에게 줄 수 있는 내용이면 더 좋지만, 만약 혼자인 노인의 경우는 좋아하는 사람에게 줄 의미로 만들어도 좋다.

'미술과 함께하는 행복찾기–동반자의 추억' 노인미술프로그램 (3–1)

대주제: 그대에게 주는 선물 ①

영역: 동반자

활동주제: 텀블러 꾸미기

활동목표

민화에 담긴 의미를 알고, 자신이 생각하는 의미를 표현한 텀블러를 꾸밀 수 있다.

준비물

민화 밑그림, 네임펜, 지우개, 수채화 색연필, 붓, 물통, 텀블러

활동과정 및 방법

1. 준비된 인쇄물에 자신이 넣고자 하는 그림을 네임펜으로 스케치한다.
2. 수채화 색연필을 이용하여 어울리게 채색한다.
3. 그림에 어울리는 글을 여백에 쓴다.
4. 완성된 민화를 텀블러에 넣어 준다.
5. 작품에 담긴 의미를 이야기 나누고, 서로의 작품을 감상한다.

수업 활동 과정

1. 준비된 인쇄물에 추가하고 싶은 그림을 네임펜으로 스케치한다.

2. 수채화 색연필을 이용하여 어울리게 채색한다.

3. 그림에 어울리는 글을 펜으로 써 본다.

4. 완성된 민화를 텀블러에 넣어 준다.

(4-2-2) 예쁜 노리개 만들기

'예쁜 노리개 만들기'는 여성 노인들이 더 좋아할 것이라고 예상할 수 있으나, 남성 노인들도 가족에게 주고 싶은 선물로 효과적인 활동이다. 누군가에게 선물할 수 있는 솜씨를 가지는 것만으로도 자존감이 높아지고 행복한 마음은 배가될 수 있다. 특히 노리개는 예부터 결혼식 등 예복 장식용으로도 사용되었기 때문에 젊은 시절의 행복했던 순간을 떠올리게 하는 데도 효과적이다.

'미술과 함께하는 행복찾기-동반자의 추억' 노인미술프로그램 (3-2)

대주제: 그대에게 주는 선물 ②

영역: 동반자

활동주제: 그대에게 주는 선물(예쁜 노리개 만들기)

활동목표

반제품을 이용하여 노리개를 표현해 보고, 소중한 사람에게 감사한 마음을 가질 수 있다.

준비물

노리개 반제품, 유성 매직, 반짝이 스티커

활동과정 및 방법

1. 노리개에 대한 기억이나 추억을 이야기 나눈다.
2. 유성 매직과 네임펜을 이용하여 노리개 반제품을 채색한다.
3. 채색된 노리개에 반짝이 스티커를 붙여 아름답게 장식하여 완성한다.
4. 완성된 노리개를 감상하고, 누구에게 선물하고 싶은지에 대해 서로의 생각을 이야기 나눈다.

수업 활동 과정

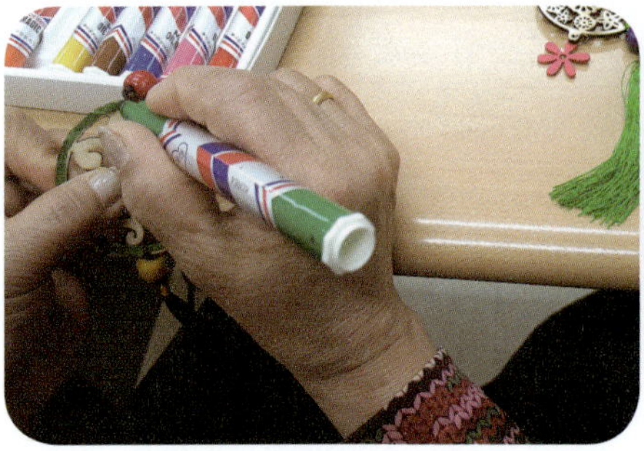

1. 유성 매직을 이용하여
노리개 반제품을 채색한다.

2. 채색된 노리개에 반짝이 스티커를 붙여
아름답게 장식하여 완성한다.

완성작품 1

완성작품 2

3) 가족과 보금자리

'가족과 보금자리' 영역은 '아 사랑이어라'와 '행복한 보금자리' 프로그램을 통하여 노인들이 삶에서 가족들에게 소중한 존재임을 스스로 깨닫게 하고, 더불어 자신도 가족들의 소중함을 깨달으면서 자존감을 높이고자 한 것이다. 핵가족화가 당연시되고 있는 현대사회에서 가족을 통한 행복감은 최고의 행복일 것이다.

(4-3-1) 아 사랑이어라

'미술과 함께하는 행복찾기-가족과 보금자리' 노인미술프로그램 (4)

대주제: 아! 사랑이어라

영역: 가족

활동주제: 아! 사랑이어라(포토콜라주로 가족 액자 만들기)

활동목표

가족의 사진과 잡지를 이용하여 포토콜라주로 표현하고, 가족에 대한 사랑을 표현할 수 있다.

준비물

가족사진, 잡지, 가위, 풀, 사인펜, 색연필

활동과정 및 방법

1. 도화지에 가족의 사진을 올려 보고, 구도를 생각하며 배치한다.
2. 사진과 어울리는 배경이나 사물들을 잡지에서 찾아보고, 크기를 생각하며 가위로 오려 둔다.

3. 도화지에 사진이나 그림을 붙이고, 사인펜과 색연필을 이용하여 배경을 표현한다.

4. 구도를 생각하며 준비해 둔 가족의 사진을 풀로 붙이고, 필요에 따라 사인펜과 색연필을 이용하여 마무리하고 완성한다.

수업 활동 과정

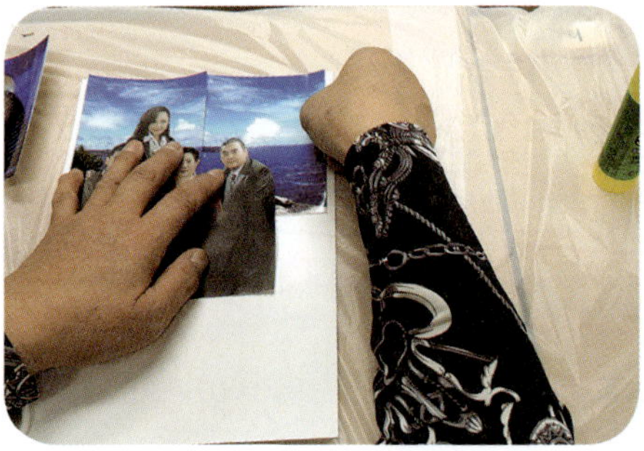

1. 도화지에 가족의 사진을 올려 보고, 구도를 생각하며 배치한다.

2. 사진과 어울리는 배경을 잡지에서 찾아 가위로 오려 둔다.

3. 도화지에 사진이나 그림을 붙이고, 사인펜과 색연필을 이용하여 배경을 표현한다.

4. 사진을 풀로 붙이고, 필요에 따라 사인펜과 색연필을 이용하여 마무리하고 완성한다.

(4-3-2) 행복한 보금자리

'행복한 보금자리' 프로그램은 모스 재료를 이용하여 각자 살고 싶은 집을 꾸미는 활동이다. 집의 의미는 노인에게는 누구의 도움도 필요 없고 기대지 않아도 되는 당당한 은신처라고 생각하는 곳이다. 집과 자신은 상호 보완되는 관계로 자존감을 한껏 펼칠 수 있는 공간이다. 따라서 살고 싶은 집을 꾸미는 일은 자기애를 높이며 자존감도 높일 수 있다.

'미술과 함께하는 행복찾기-가족과 보금자리' 노인미술프로그램 (5)

대주제: 행복한 보금자리

영역: 가족

활동주제: 행복한 보금자리(살고 싶은 집 꾸미기)

활동목표

모스의 특징을 알고 이용하여 살고 싶은 집을 아름답게 꾸밀 수 있다.

준비물

A4용지, 연필, 지우개, 캔버스, 유성 매직, 네임펜, 모스, 목공용 본드

활동과정 및 방법

1. A4용지에 연필로 스케치하고 모스를 배치한다.
2. 캔버스에 유성 매직과 네임펜을 이용하여 행복했던 장소를 표현한다.
3. 나무나 식물이 표현될 면에 목공용 본드를 바르고 모스를 붙인다.
4. 유성 매직으로 채색하여 마무리한다.
5. 네임펜이나 유성 매직을 이용하여 어울리는 글을 쓰고 완성한다.

수업 활동 과정

1. A4용지에 연필로 스케치하고
모스를 배치한다.

2. 캔버스에 유성 매직과 네임펜을 이용하여
행복했던 장소를 표현한다.

3. 나무나 식물이 표현될 면에
목공용 본드를 바르고 모스를 붙인다.

4. 유성 매직으로 채색하여 마무리한다.

4) 노년기의 희망

'노년기의 희망' 영역은 노인들의 유년기, 청년기, 장년기의 생활에 대한 회상이나 앞으로의 생활에서 자아존중감을 높일 수 있는 프로그램이다. '다시 태어난다면'과 '이렇게 살고 지고' 두 프로그램은 유년기에 꿈꾸었던 일을 이루었거나 혹은 이루지 못한 상황이라도 과거에 너무 얽매이거나 자신감을 잃지 말고, 자신감 있게 자기를 존중하면서 살기를 바라는 의미의 활동이다.

(4-4-1) 다시 태어난다면

'다시 태어난다면' 프로그램은 노인이 자신을 회상할 수 있는 물건을 준비하고 자신의 이야기를 허심탄회하게 꺼내놓을 수 있어서 오히려 마음을 편안하게 할 수 있다. 서로의 이야기를 들어주고, 이루고 싶었던 꿈의 표현에 대해 서로 칭찬해 주면서 자신의 처지와 비슷함에 대한 공감대를 형성할 수 있다.

'미술과 함께하는 행복찾기' 노인미술프로그램 (6)

대주제: 다시 태어난다면

영역: 희망

활동주제: 다시 태어난다면(못다 이룬 꿈을 오브제로 나타내기)

활동목표

못다 이룬 꿈을 이야기하고, 여러 가지 오브제를 이용하여 자신의 꿈을 표현할 수 있다.

준비물

블랙 폼보드, 여러 가지 오브제, 목공용 본드, 잡지 또는 사진, 크레파스

활동과정 및 방법

1. 미리 준비해 온 자신의 꿈과 연상되는 오브제와 사진을 책상 위에 펼친다.
2. 어릴 때 이루고 싶었던 꿈이 무엇이었는지 이야기 나눈다.
3. 잡지나 사진을 이용하여 연관되는 이미지를 준비한다.
4. 준비한 오브제를 블랙 폼보드에 배치한다.
5. 준비한 오브제에 목공용 본드를 이용하여 붙여 주고, 크레파스로 필요한 부분은 그리거나 채색하여 완성한다.
6. 작품에 대한 생각을 나누고 느낀 점을 이야기한다.

수업 활동 과정

1. 잡지나 사진을 이용하여 연관되는 이미지를 준비한다.

2. 준비한 오브제를 블랙 폼보드에 배치한다.

3. 준비한 오브제에 목공용 본드를 이용하여 붙여 주고, 크레파스를 이용하여 채색한다.

4. 강조되는 이미지는 뒷면에 폼보드를 붙여 두께를 준다.

(4-4-2) 이렇게 살고 지고

'이렇게 살고 지고' 주제는 비록 지금은 사회생활을 적극적으로 할 수 없는 노인이지만, 여생을 어떻게 보람되면서 자신의 능력과 존재 가치를 높이며 살 수 있을지에 대한 자기 성찰을 하는 수업이다. 이 수업을 통해 노인들이 미래에 대해 절망하기보다는 희망을 가지는 계기가 될 수 있다. 미술활동으로는 '행복 가방 만들기'를 하면서 자신이 생각하는 행복의 이미지를 표현할 수 있다.

'미술과 함께하는 행복찾기' 노인미술프로그램 (7)

대주제: 이렇게 살고 지고

영역: 희망

활동주제: 이렇게 살고 지고(행복 가방 만들기)

활동목표

행복을 상징하는 이미지를 가방에 표현할 수 있다.

준비물

A4용지, 연필, 지우개, 캔버스 반제품 가방, 염색용 물감, 종이 팔레트(또는 일회용 접시), 붓, 물통, 신문지

활동과정 및 방법

1. '행복'에 대한 자신의 생각을 이야기한다.
2. 자신이 생각하는 행복의 이미지를 A4용지에 연필로 스케치한다.
3. 캔버스 반제품 가방 뒷면에 염료가 스며들지 않도록 가방 안에 신문지를 넣어 편평하게 만든다.
4. 염색용 물감에 붓을 이용하여 스케치한 이미지를 표현한다.
5. 스팽글 스티커 등을 이미지에 어울리게 붙여 완성한다.

수업 활동 과정

1. 자신이 생각하는 행복의 이미지를 A4용지에 연필로 스케치한다.

2. 캔버스 반제품 가방 뒷면에 염료가 스며들지 않도록 가방 안에 신문지를 넣어 편평하게 만든다.

3. 염색용 물감에 붓을 이용하여 스케치한 이미지를 표현한다.

4. 반짝이 스티커 등을 붙여 어울리게 완성한다.

(4-4-3) 나를 사랑하리라

노인들의 자아존중감을 최고조로 달성시키기 위한 퍼포먼스 활동으로 자신을 가장 돋보이게 하는 모델 수업이 좋다. 누구나 그렇듯 자신이 최고로 멋지다고 생각한 적이 있을 것이다. 이 활동은 노인들이 현재 자신의 모습을 가장 아름답게 꾸미고 바로 이 순간의 자신감을 표현할 수 있는 것이다. 이 활동을 할 때 메이크업 전문 강사를 초빙해서 협업으로 수업을 하면 더 좋다.

이 수업의 장점은 노인이 가장 멋진 모습을 뽐낼 수 있으므로 자신감 있게 활동하고 행복해하는 표정을 짓게 된다. 실제 수업에서도 노인들의 반응은, "너무 행복했다.", "앞으로 계속 만났으면 좋겠다.", "이젠 미술에 좋아지고 자신감이 조금 생겼다.", "나를 소중하게 생각하게 되었다." 등 긍정적인 반응을 보이며 친절함, 행복함, 자신감, 자아존중감이 충만했음도 알 수 있었다.

'미술과 함께하는 행복찾기' 노인미술프로그램 (8)

대주제: 나를 사랑하리라

영역: 희망

활동주제: 나를 사랑하리라(코스튬-가장 예쁜 모습 꾸미기)

활동목표

자신이 가장 좋아하거나 멋있다고 생각되는 모습을 의상과 메이크업 등을 이용하여 꾸미고, 자신감 있게 퍼포먼스 활동을 할 수 있다.

준비물

코스튬 재료(의상, 각종 액세서리), 화장품, 레드카펫, 조명

활동과정 및 방법

1. 전 수업 시간에 예고한 자신이 가장 좋아하는 의상을 준비한다.
2. 여러 가지 화장품과 의상으로 자신 생각했던 모델의 모습으로 꾸민다.
3. 자신이 워킹할 차례가 오면 레드카펫에서 모델처럼 걸어 보고, 자신감 있는 자세도 만들어 본다.
4. 어떤 의미의 코스튬을 표현한 것인지 자신의 생각을 발표한다.
5. 서로의 퍼포먼스에 대한 느낌을 이야기하고, 자신의 장점을 찾아 나를 사랑하는 마음을 가진다.

수업 활동 과정

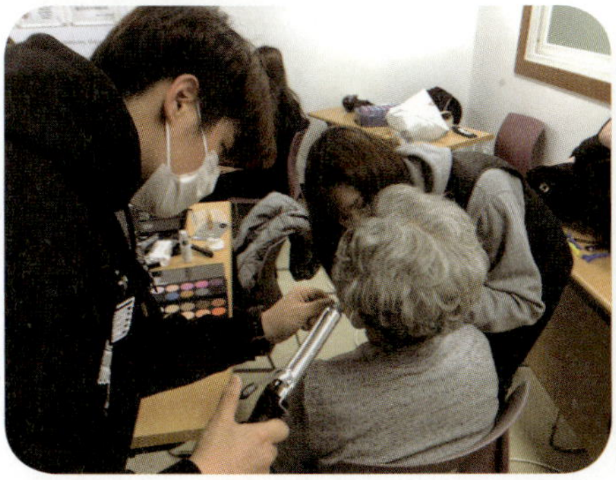

1. 여러 가지 화장품과 의상으로 자신 생각했던 모델의 모습으로 꾸민다.

2. 자신이 워킹할 차례가 오면 레드카펫에서 모델처럼 걸어본다.

3. 무대 위에서 자신감 있는 포즈를 취해 본다.

4. 서로의 퍼포먼스에 대한 느낌을 이야기하고, 자신의 장점을 찾아 나를 사랑하는 마음을 가진다.

부록(검사지)

〈노인미술활동 만족도 조사 〉

본 설문조사는 노인미술활동 프로그램 이용 어르신을 대상으로 그동안 실시 되어온 프로그램에 대해 어떻게 생각하고, 계시는지를 알아보기 위해 실시하는 조사이며, 향후 어르신들 위한 프로그램 개발 및 계획을 위한 귀중한 자료로 쓰일 것입니다. 성심성의껏 답변해 주시길 바랍니다.

⊙ 귀하의 성별 ① 남자 ② 여자

⊙ 귀하의 연령 ① 61세~65세 ② 66세~70세 ③ 71세~80세
④ 81세~85세 ⑤ 86세~90세 ⑥ 91세 이상

⊙ 상담 서비스 관련 평가문항

1. '미술과 함께하는 행복찾기' 프로그램에 참여하게 된 동기는 무엇입니까?
① 우울감 극복 ② 친구소개 ③ 호기심 ④ 사회복지사 권유
⑤ 기타( )

2. 미술과 함께하는 행복찾기' 프로그램의 세부 이용에 관한 질문입니다.

평가문항	아니다	보통이다	그렇다
① '미술과 함께하는 행복찾기'를 통해 문제해결에 도움이 되었다.	①	②	③
② '미술과 함께하는 행복찾기'를 통해 우울감이 완화되었다고 생각한다.	①	②	③
③ '미술과 함께하는 행복찾기'를 참여한 것에 대해 잘했다고 생각한다.	①	②	③
④ '미술과 함께하는 행복찾기'를 참여한 결과에 대해 만족한다.	①	②	③
⑤ 프로그램실에 만족한다.	①	②	③
⑥ 외부강사 및 직원에 만족한다.	①	②	③

3. 추후 복지관에서 받길 원하시는 상담서비스는 무엇입니까?

____

____

⊙ 기타

4. 발전을 위한 제언 부탁드립니다. (좋았던 점과 아쉬운 점)

1) 좋았던 점:

____

____

____

2) 아쉬웠던 점:

____

____

____

〈노인의 자긍심(자아존중감) 척도〉

다음 설문은 노인의 자긍심(자아존중감)을 측정하는 것입니다. 어르신의 자신에 대한 생각과 느낌을 잘 나타내는 것에 ∨표를 해 주세요.

내용	범주				
	① 전혀 그렇지 않다	② 그렇지 않다	③ 그저 그렇다	④ 그런 편이다	⑤ 매우 그렇다
1. 나는 내가 다른 사람들처럼 가치 있는 사람이라고 생각한다.					
2. 나는 좋은 성품을 가졌다고 생각한다.					
3. 나는 대체적으로 실패한 사람이라는 느낌이 든다.					
4. 나는 대부분의 다른 사람들과 같이 일을 잘할 수 있다.					
5. 나는 자랑할 것이 별로 없다.					
6. 나는 나 자신에 대하여 긍정적인 태도를 가지고 있다.					
7. 나는 나 자신에 대하여 대체로 만족한다.					
8. 나는 나 자신을 좀 더 존경할 수 있으면 좋겠다.					
9. 나는 가끔 나 자신이 쓸모없는 사람이라는 느낌이 든다.					
10. 나는 때때로 내가 좋지 않은 사람이라고 생각한다.					

척도소개

Rosenberg(1965)가 개발하고 전병재(1974)가 번안한 도구를 사용한다.

채점 방법 및 해석

자아존중감 척도는 개인의 자아존중감, 즉 자기 존중 정도와 자아승인 양상을 측정하는 것으로 긍정적 자아존중감 5문항과 부정적 자아존중감 5문항의 총 10문항으로 구성되어 있다. 각 문항은 1점에서 5점까지 리커트 (Likert) 척도로서 긍정적 문항에 대한 응답은 1='전혀 그렇지 않다'에서 5='매우 그렇다'까지의 5점 척도이고, 부정적 문항에 대한 응답도 마찬가지지만 채점할 때 반대로 처리한다. 점수 범위는 10점에서 40점까지다. 점수가 높을수록 자아존중감이 높은 것을 의미한다.

〈노인의 자아통합감 척도〉

다음 설문은 노인의 자아통합감을 측정하는 것입니다. 아래의 문항을 읽고 귀하의 생각을 가장 잘 나타내 주는 칸에 V표를 해 주세요.

내용	범주			
	① 전혀 그렇지 않다	② 대체로 그렇지 않다	③ 대체로 그렇다	④ 매우 그렇다
1. 대체로 나는 지금의 나 자신에 만족한다.				
2. 나는 이 세상에서 못다 한 일이 많아 한스럽다.				
3. 막상 늙고 보니 모든 것이 젊었을 때 생각했던 것보다 낫다.				
4. 요즈음 나는 나 자신을 발전시키려는 노력을 포기했다.				
5. 인생은 의미가 있고 살 가치가 있다.				
6. 내가 늙었다고 느끼나 그것이 나를 괴롭히지는 않는다.				
7. 나는 죽은 사람을 보는 것이 두렵지 않다.				
8. 나이 든 지금도 나는 여전히 가치 있는 삶을 살고 있다.				
9. 나는 다른 사람과 친밀감을 느낄 수 있다.				
10. 노인의 지혜나 경험은 젊은이들에게 도움이 된다.				
11. 나의 앞날은 암담하고 비참하게 느껴진다.				
12. 나는 죽는 것이 두렵고 원망스럽다.				
13. 지금이 내 인생에서 가장 지루한 때다.				
14. 나는 지금 젊었을 때와 마찬가지로 행복하다.				
15. 남을 위해 봉사하는 일이 나에게는 매우 보람을 준다.				
16. 나는 나 자신이 지긋지긋하다.				
17. 늙는다는 것은 무기력하고 쓸모없어지는 것이다.				
18. 지나온 평생을 돌이켜 볼 때 내 인생은 대체로 만족스럽다.				
19. 나는 현재 살고 있는 곳이 마음에 든다.				
20. 나는 일생 동안 최선을 다해 왔다.				
21. 나는 때때로 나 자신이 쓸모없는 사람이라는 생각이 든다.				
22. 내 인생이 이렇게 된 것은 운이 나빴기 때문이다.				
23. 나이가 들수록 모든 것이 점점 더 나빠진다.				

내용	범주			
	① 전혀 그렇지 않다	② 대체로 그렇지 않다	③ 대체로 그렇다	④ 매우 그렇다
24. 인생을 다시 살 수 있는 기회가 주어진다 해도 살아온 대로 살겠다.				
25. 늙고 무기력해지느니 차라리 죽는 것이 낫다.				
26. 나는 대체로 인생에서 실패했다고 느낀다.				
27. 내세에 대한 문제가 나를 괴롭힌다.				
28. 나는 적어도 다른 사람만큼 가치 있는 사람이다.				
29. 요즈음 나는 늙고 지쳤다고 느낀다.				
30. 나는 내 인생이 이렇게 된 데 대해 가슴 아프게 생각한다.				
31. 나는 일생 동안 운이 좋은 편이었고 그것에 감사한다.				

척도소개

이 척도는 김정순(1988)이 개발한 도구로서, 현재 생활에 대한 만족 8문항, 지나온 일생에 대한 수용 3문항, 지혜로운 삶 7문항, 노령에 대한 수용 4문항, 죽음에 대한 수용 3문항, 생에 대한 태도 6문항의 총 31문항으로 구성되어 있다.

개발 당시는 5점 척도였으나, 노인의 특성을 고려하여 4점 척도로 수정하였다.

채점 방법 및 해석

각 문항은 1점에서 4점까지 리커트 척도로 되어 있고, 긍정적 문항이 14문항, 부정적인 문항이 17문항이다. 긍정적 문항에 대한 응답은 1='전혀 그렇지 않다'에서 4='매우 그렇다'까지의 4점 척도이고, 부정적 문항에 대한 응답도 마찬가지지만 채점할 때 반대로 처리한다. 점수 범위는 10점에서 40점까지다. 점수가 높을수록 자아통합감이 높은 것을 의미한다.

〈노인의 삶의 질 척도〉

다음 설문은 노인의 삶의 질을 측정하는 것입니다. 아래의 문항을 읽고 귀하의 생각을 가장 잘 나타내 주는 칸에 ∨표를 해 주세요.

내용	범주				
	① 대단히 만족	② 비교적 만족	③ 그저 그렇다	④ 비교적 불만족	⑤ 대단히 불만족
1. 귀하는 자신에게 주어진 가족 내 역할 및 위치에 대해 만족하십니까?					
2. 귀하는 자신의 가족 내 의사결정권에 만족하십니까?					
3. 귀하는 가족 결속력(애착감)에 대해 어떻게 생각하십니까?					
4. 귀하는 자신에 대해 만족하십니까?					
5. 어려움에 처했을 때 귀하가 믿고 의지할 수 있는 가족의 지지에 대해 어떻게 생각하십니까?					
6. 자신의 건강에 대해 어떻게 생각하십니까?					
7. 결혼생활(배우자 관계)에 대해 어떻게 생각하십니까?					
8. 하고 계시는 경제활동(취업)에 대해 만족하십니까?					
9. 주어진 교육 여건(정보 및 자원활동 능력)에 만족하십니까?					
10. 버스, 지하철 등 교통수단을 이용할 때 편리하다고 생각하십니까?					
11. 매월 동사무소에서 지급되는 교통비 또는 경로연금에 만족하십니까?					
12. 귀하는 노인을 위한 국가의 정책에 만족하십니까?					
13. 귀하의 사회활동에 대해 어떻게 생각하십니까?					
14. 귀하의 성생활에 만족하십니까?					
15. 귀하의 여가생활(취미 또는 오락활동)에 만족하십니까?					
16. 귀하의 경제상태에 대해 어떻게 생각하십니까?					
17. 사회의 노인에 대한 경로사상을 어떻게 생각하십니까?					
18. 아플 때 병원이나 보건소 등의 의료기관을 이용하고 접근하는 데 있어서 만족하십니까?					
19. 이웃들과의 관계에 대해 어떻게 생각하십니까?					

내용	범주				
	① 대단히 만족	② 비교적 만족	③ 그저 그렇다	④ 비교적 불만족	⑤ 대단히 불만족
20. 일상생활을 위한 귀하의 움직임(기동력)에 만족하십니까?					
21. 자녀와의 관계에 대해 어떻게 느끼십니까?					
22. 일하는 데 있어서 자신의 능력에 대해 어떻게 생각하십니까?초중고					
23. 귀하는 자신의 자아실현(자아성취)과 관련해서 어떻게 생각하십니까?					
24. 귀하의 주거 형태에 만족하십니까?					
25. 앞으로 닥쳐올 일에 대한 귀하의 대처 능력에 대해 어떻게 생각하십니까?					
26. 친구들과의 관계에 대해 어떻게 생각하십니까?					
27. 형제 또는 친척과의 교제에 대해 어떻게 생각하십니까?					
28. 귀하의 활력(원기, 기력)에 대해 어떻게 생각하십니까?					
29. 귀하의 인생목표 도달에 대해 어떻게 생각하십니까?					
30. 주변 생활환경에서 발생 가능한 손상이나 사고 위험으로부터 안정성에 대해 어떻게 생각하십니까?					
31. 귀하의 생의 보람에 대해 어떻게 느끼십니까?					

척도소개

이 척도는 최수정(2001)이 우리나라 노인을 대상으로 개발한 노인의 삶의 질 척도를 사용한 것이다.

채점 방법 및 해석

이 척도는 생활 안정 13문항, 자원 활용의 편이성 8문항, 건강과 가족 내 영향력 5문항, 지지 기반의 확립 5문항으로 총 4개 영역, 31문항으로 구성되어 있다. 5점 척도로 측정하고, 점수가 높을수록 삶의 질이 높다.

〈한국형 노인 우울 검사(S-KGDS)〉

다음 설문은 노인의 우울에 관한 측정입니다. 아래의 문항을 읽고 귀하의 생각을 가장 잘 나타내 주는 칸에 ∨표를 해 주세요.

내용	범주	
	① 예	② 아니오
1. 아무것도 할 수 없을 것처럼 무기력하게 느낀다.		
2. 안절부절못하고 초조할 때가 자주 있다.		
3. 앞날에 대해 걱정할 때가 많다.		
*4. 지금 내가 살아 있다는 것이 참 기쁘다.		
*5. 인생은 즐거운 것이다.		
*6. 아침에 기분 좋게 일어난다.		
*7. 예전처럼 정신이 없다.		
*8. 건강에 대해서 걱정하는 일이 별로 없다.		
*9. 내 판단력은 여전히 좋다.		
*10. 내 나이의 다른 사람들 못지않게 건강하다.		
11. 정말 자신이 없다.		
*12. 즐겁고 행복하다.		
*13. 기분이 좋은 편이다.		
*14. 앞날에 대해 희망적으로 느낀다.		
15. 전보다 화가 나고 짜증이 날 때가 많다.		

※ *표시된 문항은 역문항임

척도소개

이 척도는 Yesavege 등(1983)이 개발한 우울 측정도구인 단축형 노인 우울 척도(SGDS)를 배재남(1996)이 표준화한 한국어판 SGDS이다.

채점 방법 및 해석

이 척도는 '예'는 0점, '아니요'는 1점을 부여하며, 점수 범위는 0~15점이다. 부정적 문항은 역으로 환산하여 높을수록 우울의 정도가 심한 것을 의미한다.

〈인지기능 측정(MMSE-K)〉

다음 설문은 노인의 인지기능을 측정하는 것입니다.
먼저 노인의 인지상태에 대한 의심(인지기능의 장애 유무, 치매)이 생기는 경우, 간단하게 몇 가지 질문을 한 후 검사를 실시하십시오.

※ 오늘 날짜에 대해서 물어보세요. 특히 빠진 부분에 대해서 질문해야 합니다. 음력으로 대답해도 정답으로 간주. (예: 1점씩, 모두 5점, 무학일 경우 1점 가산) 1. 오늘은 ________년 ____월 ____일, ____요일, 계절____________
※ 주소를 시(혹은 도), 구, 동(면)까지 묻고, "여기가 어떤 곳입니까?"라고 질문하세요. (각 예 1점씩 4점) 2. ________도 ________시(군) ________구(면) ________동 여기는 어디입니까? 3. 여기는 무엇을 하는 곳입니까? (1점)
※ 물건 세 가지(예: 나무, 자동차, 모자)를 1초 간격으로 정확하게 불러 준 다음 이를 반복하게 하세요. 이를 할 수 있는 사람에 한해서 잠시 후에 이 세 단어를 기억해 보라고 하세요. 4. 물건 이름 세 가지 쓰기 (3점) 5. 3~5분 후 위의 이름 회상이 가능했는가? (예, 아니오) (3점)
6. 100–7=____ –7=____ –7=____ –7=____–7=____ (각 1점)
7. 물건 이름을 맞혀 보세요 .(예: 연필, 시계) (각 1점)
8. 오른손으로 종이를 집어서 절반으로 접어 무릎 위에 놓기 (3점)
9. 오각형 두 개를 겹쳐 그리기 (1점)
10. '간장 공장 공장장'을 따라하기 (1점)
11. 옷은 왜 빨아서 입습니까? (1점)
12. 길에서 다른 사람의 주민등록증을 주웠을 때 어떻게 하면 쉽게 주인에게 되돌려 줄 수 있습니까? (1점)

척도소개

이 척도는 Folstein 등(1975)이 개발하고 박종한과 권용철(1989)이 한국 노인의 특성을 고려하여 수정, 보완한 MMSE-K 도구이다.

채점 방법 및 해석

12문항으로 구성된 이 도구는 시간 지남력 5점, 장소 지남력 5점, 기억 등록 3점, 주의력 및 계산 5점, 기억회상 3점, 언어 기능 7점, 이해 판단 2점의 총 30점으로 채점되며, 측정 점수가 높을수록 인지능력이 좋은 것으로 평가한다.

인지장애 평가 기준으로 24점 이상은 정상, 18~23점은 인지장애, 17점 이하는 중증 인지장애로 간주된다.

낚아도 좋고
낚여도 좋고

참고문헌

강나훔(2013. 10. 21.). 모성애로 장애아동 · 어르신 곁에. 기호일보.
고정민 외(2002). 고령화 사회의 도래에 따른 기회와 위협. 삼성경제연구소 연구보고서, 6-7.
권오정(2005). 노인과 유아간 연계프로그램이 유아의 인성 발달에 미치는 효과성 연구. 아시아아동복지연구, 3(2), 43-80.
권이종(1997). 사회교육개론. 서울: 교육과학사.
권중돈(2016). 사회복지론(6판). 서울: 학지사.
권혁수(2009). 노인의 사회참여가 삶의 만족도에 미치는 영향-우울, 주관적 건강상태의 매개효과를 중심으로. 한국생활과학회지, 18(5), 995-1008.
김남선(2005). 평생교육개론. 서울: 형설출판사.
김선주 · 안현정(2009). 트랜드 코드에서 비즈니스 기회 찾기. 서울: 좋은책만들기.
김소미(2012). 노인의 자아 존중감 향상을 위한 미술교육 활성화 방안. 석사학위논문. 숙명여자대학교.
김소향 · 이신숙(2009). 노인일자리사업 참여여부에 따른 노인의 자아존중감과 생활만족도에 관한 연구. 한국노년학, 29(1), 309-327.
김승보, 김인엽(2015). 청소년 진로체험활동 지원을 위한 시니어 참여 사업 발전 방안 연구. 이슈페이퍼. 2015-6. 정책제안보고서. 한국직업능력개발원.
김승한(1981). 평생교육입문. 서울: 정민사.
김영길(2008). 노인의 여가활동과 생활만족도가 자아존중감에 미치는 영향. 동서간호학연구지, 14(1), 44-55.
김유미(2017). 노인의 학습참여 동기유형을 고려한 노인미술교육의 필요성과 활성화 방안-Hole의 이론을 바탕으로-. 석사학위논문. 숙명여자대학교.
김은정 · 이재광 · 최창호 · 안동휘 · 박창제(2009). 고령층의 정보문화 활성화 방안-사회참여 활동을 중심으로. 연구보고서. 서울: 한국정보문화진흥원.
김은혜(2012). 노인발달 이해와 상담. 서울: 북모아.
김정엽 · 권복순(2007). 노인의 스트레스, 자아존중감과 생활만족도와의 관계. 노인복지연구, 37, 111-130.
김정엽 · 이재모(2010). 노인교육이 생활만족도에 미치는 영향: 사회적 지지와 자아존중감의 영향력을 중심으로. 노인복지연구, 48, 7-30.
김종서(1984). 노인교육의 교육과정 개발. 노인문제와 노인교육. 서울: 유네스코 한국위원회 세미나보고서.
김종인(2012). 베이비붐 세대의 노후 사회참여 욕구에 관한 연구. 박사학위논문. 한서대학교.
김홍록(1994). 노인복지를 위한 여가정책의 개선방안에 관한 연구. 박사학위논문. 국민대학교.
나소리(2008). 평생교육에서 노인 미술 교육의 전문성 신장 방안. 석사학위논문. 국민대학교 교육대학원.
나카노 이즈미(中野 泉)(2002). 노인복지란 무엇인가. 장강대교 출판.
다와라 쿠니테루 저 · 김지균 · 김향미 · 황향숙 공역(2003). 노인복지과 미술지도. 서울: 홍익재.
박귀천(2014). 독일의 노인 사회참여활동 지원에 관한 법제. 맞춤형 법제정보. 한국노인인력개발원, 4-15.
박복선(1996). 한국의 대학성인교육 정책과 발전방향. 한국동북아논총, (2), 287-288. 동북아학회.
박석돈(1998). 노인의 욕구변화와 노인교육. 노인학연구. 영남대학교 부설 노인학연구소.
박은경(2005). 대학부설 평생교육원의 미술교육 현황 및 발전 방안 연구. 경희미술연구회세미나 발표.
박재간(1985). 노인학교 학습프로그램. 노인생활 5-6월호. 대한노인회.
박재간(1997). 노년기 여가생활의 실태와 정책과제. 노인복지정책연구, 제1호. 통권제5호. 한국노인문제연구소.

변루나 · 김영숙 · 현택수(2011). 베이비붐 세대 은퇴 후 사회참여 지원정책에 관한 한 · 일 비교연구. 보건사회연구, 31(4), 315-344.

변순옥(1998). 노인학습에 대한 사회적 요구와 현실태. 노인생활 7-8월호. 대한노인회.

보건복지부(2011). 2011~2015 제차저출산 · 고령사회기본계획 새로마지플랜 2015.

서경석(2010). 노인의 사회참여와 신노년 정책, 2010년도 한국노년학회 국제학술대회 발표 자료집.

서경석(2013). 고령화사회의 노인문제와 해결과제. *Social Worker, 19*, 16-18.

서영희(2008), 노인의 자아존중감 향상을 위한 미술치료 프로그램에 관한 연구, 21세기사회복지연구, 5(1), 117-136.

서울특별시의회(2011). 서울특별시 고령 친화도시 구현을 위한 노인복지 조례안.

석주연(2015). 고령화에 따른 노인미술교육 현황 및 활성화 방안 연구. 석사학위논문. 숙명여자대학교 교육대학원.

선안남(2011). 자존감의 힘(행복을 부르는). 서울: 소울메이트.

송대현 · 박한기(1992). 한국 노인들의 자존심에 관한 연구. 한국노년학, 12(1). 79-96.

송명순 · 이영호 (2000). 평생교육의 이론과 실제. 서울: 원미사.

심민선(2001). 우리나라 노인미술교육 현황조사연구: 강남구와 노원구의 종합사회복지관을 중심으로. 석사학위논문. 이화여자대학교.

심영옥(2004). 영아미술교육 프로그램 구성 및 지도방법 연구. 조형교육 제23집. 한국조형교육학회.

심영옥 · 박은경 · 조윤경 · 최현진(2004). 오감발달 지능발달 1, 2, 3 영아미술놀이. 서울: (주)어린이뜰.

심영옥(2005). 고령사회를 대비한 평생교육으로서 노인미술 교육 활성화 방안. 교육발전연구, 21(2), 173-197.

심영옥(2006). 평생교육으로서 노인미술교육 프로그램 개발을 위한 기초 연구. 조형교육, 27, 131-152.

심영옥(2013). 창조적인 시니어 미술 활동의 활성화 방안. 월간미술세계, 10월호, 120-123.

심영옥(2013). 노인은 '시니어'로 불리길 좋아한다. 창조적으로 나이들기 위한 시니어 미술 활동 방안. 미술세계, 10, 120-123.

심영옥(2014). 노년기 사회참여 활동으로서 노인 미술 활동 분석 및 활성화 방안. 조형교육. 49, 257-280.

심영옥(2018). 노인의 사회참여 활동을 위한 시니어아트 콘텐츠 개발에 대한 제언. 조형교육, 66, 161-193.

심영옥 · 조미경 · 김현희(2018). 데이케어센터의 인지.감각 융합 노인미술프로그램 적용 및 효과성 검증. 미술교육논총, 32(4), 297-333.

안창선(2002). 고령화 사회의 노인교육에 관한 연구. 석사학위논문. 원광대학교.

윤진(1985). 성인 노인심리학. 서울: 중앙적성출판사.

이근홍(2001). 노인의 사회참여와 자원봉사. 노인복지연구, 12(1), 7-24.

이대영(2010). 노인 문화예술교육 모델 발굴 연구, 한국문화예술교육진흥원, 42.

이삼식 · 변용찬 · 김동회 · 김형석(2004). 인구고령화의 전개와 인구대책. 한국보건사회연구원.

이소정(2009). 우리나라 노인의 사회참여 유형 분석. 한국인구학, 32(1), 71-91.

이소정 · 정홍원 · 최혜지 · 배지영 · 박경하 · 윤남희…정은지(2011). 노인 일자리 사업 정책 효과 평가. 서울: 한국보건사회연구원.

이수경(2015). 노인을 위한 미술교육프로그램. 석사학위논문. 공주대학교 교육대학원.

이민창 · 사공영호 · 주영신(2006). 자원봉사 진흥을 위한 국가기본계획 의제선정 연구 용역. 조선대학교 산학협력단, 행정자치부, 28-68.

이은숙 · 박현구 · 김미옥 · 박천호(2010). 세대간 원예활동 프로그램이 노인과 유아의 정서와 자아존중감에 미치는 영향. 원예과학기술지, 28(3), 484-491.

이채원(2015). 노인의 사회참여 확대를 위한 미술교육 활성화 방안 연구. 석사학위논문. 단국대학교.

임성연(2015). 문화예술 향유를 위한 노인미술교육에 관한 연구. 석사학위논문. 단국대학교 교육대학원.

임춘식(1997). 지역사회복지관의 노인여가프로그램. 노인여가의 현황과 과제, 2(2). 한국노인문제연구소. 28-29.

장경오(2014). 노인대학의 프로그램 참여 노인들의 자아존중감과 생활만족도가 삶의 질에 미치는 영향. 한국산학기술학회논문지, 15(8), 5078-5087.

장미희(2006). 노인의 우울과 자살사고에 관한 구조모형. 박사학위논문. 경희대학교.

장수지 · 김수영 · 문경주(2015). 노년기 사회통합의 가능성 '사회 참여와 사회적 안녕감 간의 관계에서 지역공동체의식의 매개효과'. 한국지역사회복지학, 52(1). 1-29.

장유미(2011). 노인 일자리 사업 참여가 사회적 자본 변화에 미치는 영향 연구, 한국사회복지학, 63(2), 261-289.

장휘숙(2012). 성인발달 및 노화심리학. 서울: 박영사.

정경희 · 이윤경 · 박보미 · 이소정 · 이윤환(2012). 2011년도 노인실태조사 심층 분석. 서울: 한국보건사회연구원.

정미혜(2014). 고령화 사회 평생교육의 필요성과 노인 미술 지도방안 연구, 석사학위논문. 숙명여자대학교.

정신섭(2014). 노년기 우울감에 미치는 영향에 관한 연구: 가족간 의사소통과 자아존중감의 매개효과를 중심으로. 박사학위논문. 호서대학교.

정신섭 · 하규수(2014). 노년기 우울감에 미치는 영향에 관한 연구. 한국산학기술학회 논문지, 15(9), 5525-5533.

정옥분(2001). 성인발달과 노화 . 서울: 교육과학사.

조인선(2011). 시니어의 라이프스타일 변화에 따른 뮤지엄 활성화 방안 연구. 석사학위논문. 국민대학교.

조주희(2012). 국악을 활용한 노인과 유아의 신체활동 연계 프로그램 지도방안. 석사학위논문. 중앙대학교.

조추용(2003). 노인의 여가활용과 사회참여에 관한 연구. *老人教育 關聯資料*. 한국노인복지학회 2003 추계 학술대회. 75-93.

조추용(2003). 노인의 여가활동과 사회참여에 관한 연구. 노인복지연구, 22, 7-34.

주유진(2011). 노인미술교육 활성화를 위한 프로그램 연구. 석사학위논문. 단국대학교.

지은정(2014). 시민서비스는 자원봉사의 대척점에 있는가? －미국의 AmeriCorps와 Senior Corps를 중심으로. 사회복지연구, 45(2). 31-64.

최명옥(2010). 노인의 여가문화와 삶의 질의 방향성에 관한 연구. 박사학위논문. 한영신학대학교.

최선(2014). 노인의 미술교육에 대한 요구 조사. 석사학위논문. 국민대학교.

최순남(1984). 현대사회와 노인 복지. 서울: 홍익재.

최순남(1995). 현대노인복지론. 서울: 한신대학교 출판부.

최희경(2010). "신노년" 정책 담론에 대한 비판적 재검토: 활동적 노화, 성공적 노화, 생산적 노화를 중심으로. 한국사회정책, 17(3), 41-65.

편집부(1996). 간호학대사전. 서울: 한국사전연구사.

통계청(2005). 인구주택총조사보고서. 각 년도 통계자료.

통계청(2011. 12. 15.). 2011년 사회조사 결과(복지 · 사회참여 · 문화와 여가 · 소득과 소비 · 노동).

한경혜(2004). 생애사 연구를 통한 노년기 삶의 이해. 한국노인학, 24(4). 87-106.

한대수 · 조성제(2013). 노인대학 프로그램 이용 후 자아존중감과 삶의 만족도에 관한 연구. 한국케어매니지먼트연구, 9. 115-132.

한정란 · 이이정 · 조해경 · 전수경 · 박성희 · 김형수 · 나항진 · 이화정 · 이경희 · 이호선(2006). 세계의 노인교육. p. 49. 서울: 학지사.

한정란(2000). 교육노년락: 노인을 위한, 노인에 관한, 노인에 의한 교육. 서울: 학지사.

허정무 외(1991). 평생교육과 노인교육. 서울: 이화문화사.

허정무(2007). 노인학개론. 서울: 양서원.

허정무(2000). 현대사회의 노인문제와 노인복지. 서울: 협신사.

홍기형(1996). 제 외국의 노인교육 실태. 한국교회노인학교 지도자교육훈련 교재. 한국교회노인학교연합회. 107-109.

한국교육신문사(1998). 한국교육연감.

한국노인상담연구소(2017). 노인심리척도집. 서울: 학지사.

한국노인종합복지관(2005). 2006년도 노인복지(회)관 평가(안)〉한국사회복지협의회 시설평가단.

Dave, R. H.(1973). Lifelong Education and School Curriculum. UNESCO Institute for Education.

Erikson, E. H.(1963). *Childhood and Society*. New York: Norton.

Gerald Caplan(1964). *Principles of preventive Psychiatry*. NewYork: Basic Books.

Newgartenm, B. L.(1979). Time, age, and the life cycle. *American Journal of Psychiatry*.

Dave, R. H.(1796). Foundation of Lifelong Education UNESCO institute for Education. 34.

Rodin, J., & Langer, Z.(1980). Aging labels: The decline of control and the full of self-esteem, *Journal of social Issues*, *36*(2), 12-39.

Rosenberg, M.(1965). *Society and Adolescent self-image*. New Jersey: Princeton.

Rowe, J. W., & Kahn, J. L.(1998). *Successful Ageing*. NewYork: Pantheory House.

Sherron, R., & Lumsden, B.(1990). *International to Educational Gerontology*(3rd). NY: Hemisphere Corporation.

Stolle, D., & Rochon, T.(1998). Are all associations alike?: number diversity, associational type and the creation of social capital. *American Behavioral Scientist*, *42*(1), 47-65.

Taft, L. B.(1985). Self-esteem in later life: A nursing perspective. *Advances in Nursing Science*, *8*(1), 77-84.

참고사이트

복지관자료. http: //www.kaswcs.or.kr.

위키백과(2019.8.19.). 자아존중감. https://ko.wikipedia.org/wiki.

평생교육포럼 Lef(2019. 1. 31.). http://blog.naver.com/PostView.nhn?blogId=lifelonghrd&logNo=221455885181.

한국노인종합복지관협회(2019.8.13). http://www.kaswcs.or.kr.

한국노동연구원(2006). 고령화 패널조사 (2011년 조사). http://www.kli.re.kr.

저자 약력

◈ 심영옥

- 서울교육대학교 미술교육학과 학사
- 경희대학교 교육대학원 미술교육전공 교육학석사
- 경희대학교 대학원 미술이론전공 미술학석사
- 경희대학교 대학원 미술사전공 미술사박사(문학박사)
- 2007 개정 고등 미술교과서 대표저자(교학도서)
- 2009 개정 중, 고등 미술교과서 대표저자(교학사)
- 2015 개정 중, 고등 미술교과서 대표저자(YBM)
- **현재:** 경희대학교 교육대학원 미술교육전공 주임교수
  한국조형교육학회 부회장
  동서미술문화학회 편집위원장
  한국동양예술학회 편집위원 및 감사
  한국국제미술교육학회 홍보이사
- **저서:** 소통하며 배우는 다문화미술활동(나은출판, 2018), 한국미술사를 보다 1,2권(리베르스쿨, 2015), 미술교육과정의 이해(창지사, 2008), 영유아동 미술교육론(경희대학교출판국, 2008), 한국의 아름다움 그리고 그 의미(진실한 사람들, 2006) 외 다수
- **노인미술 관련 논문:** 고령화 사회에 대비한 평생교육으로서 노인미술교육 활성화 방안 연구2005), 평생교육으로서 노인미술교육 프로그램 개발을 위한 기초 연구–서울시 노인종합복지관을 중심으로–(2006), 노년기 사회참여 활동으로서 노인미술활동 분석 및 활성화 방안(2014), 노인의 사회참여 활동을 위한 시니어아트 콘텐츠 개발에 대한 제언(2018), 데이케어센터의 인지.감각 융합 노인미술교육 프로그램 적용 및 효과성 검증(2018), 노인의 자아존중감 향상을 위한미술과 함께 하는 행복찾기 프로그램의 실제: 김포시 노인종합복지관을 중심으로(2019) 외 미술교육, 미술사, 미술이론 논문 다수

◈ 조미경

- 강남대학교 사회사업과 졸업
- 일본 동북복지대학 대학원 사회복지학 석사
- 일본 동북복지대학 대학원 사회복지학 박사
- 관악노인종합복지관장 역임
- **현재:** 인천재능대학교 사회복지과 교수
  서울동부데이케어센터 운영위원
  김포노인복지관 운영위원
  인천동구노인문화센터 운영위원
- **노인미술 관련 논문:** 데이케어센터의 인지.감각 융합 노인미술교육 프로그램 적용 및 효과성 검증(2018), 노인의 자아존중감 향상을 위한미술과 함께 하는 행복찾기 프로그램의 실제: 김포시 노인종합복지관을 중심으로(2019)

◈ 김현희

- 경희대학교 교육대학원 교육학 석사
- 경희대학교 평생교육원 강사 역임
- 경희대학교 교육대학원 미술교육전공 강사 역임
- 가천대학교 미술과 강사 역임
- 경기도립 성남도서관 강사 역임
- SK 주식회사 C&C 노인힐링미술 강의
- 노인힐링미술 외 다수 강의
- 환경미술협회(이천지부) 서양화 분과위원장 역임
- **현재:** 빛샘아트큐어 대표
- **노인미술 관련 논문:** 데이케어센터의 인지.감각 융합 노인미술교육 프로그램 적용 및 효과성 검증(2018), 노인의 자아존중감 향상을 위한미술과 함께 하는 행복찾기 프로그램의 실제: 김포시 노인종합복지관을 중심으로(2019)

행복한 삶을 위한

노인미술교육의 이론과 실제

초판 1쇄 인쇄 2020년 9월 11일
초판 1쇄 발행 2020년 9월 14일

지 은 이 | 심영옥 · 조미경 · 김현희
펴 낸 이 | 김기섭
편 집 인 | 이초롱
펴 낸 곳 | 창지사 www.changJisa.com
08589 서울시 금천구 가산디지털 1로 83 파트너스타워 1차 9층
전화 (02)719-2211~3
팩스 (02)701-9386
등 록 | 1977년 4월 28일 · 제1-421호

ISBN 978-89-426-1347-2 (93330)

값 19,000원

이 도서의 국립중앙도서관 출판예정도서목록(CIP)은 서지정보유통 지원시스템 홈페이지(http://seoJi.nl.go.kr)와 국가자료공동목록시스템(http://www.nl.go.kr/kolisnet)에서 이용하실 수 있습니다(CIP제어번호: CIP2020038480).